Susann Reinheckel (Hrsg.)

Erziehung krimineller Jugendlicher
in kriminalpädagogischen Institutionen

Susann Reinheckel (Hrsg.)

Erziehung krimineller Jugendlicher in kriminalpädagogischen Institutionen

VS VERLAG

Bibliografische Information der Deutschen Nationalbibliothek
Die Deutsche Nationalbibliothek verzeichnet diese Publikation in der
Deutschen Nationalbibliografie; detaillierte bibliografische Daten sind im Internet über
<http://dnb.d-nb.de> abrufbar.

1. Auflage 2011

Alle Rechte vorbehalten
© VS Verlag für Sozialwissenschaften | Springer Fachmedien Wiesbaden GmbH 2011

Lektorat: Dorothee Koch

VS Verlag für Sozialwissenschaften ist eine Marke von Springer Fachmedien.
Springer Fachmedien ist Teil der Fachverlagsgruppe Springer Science+Business Media.
www.vs-verlag.de

Umschlaggestaltung: KünkelLopka Medienentwicklung, Heidelberg
Gedruckt auf säurefreiem und chlorfrei gebleichtem Papier
Printed in Germany

ISBN 978-3-531-17670-3

Inhalt

Vorwort

An der Justus-Liebig-Universität in Gießen kann die Pädagogik bei Verhaltensstörungen studiert werden. Dabei kommen unterschiedliche Themen zur Sprache, so auch das Thema dieses Bandes „Kriminelle Jugendliche und deren Erziehung in kriminalpädagogischen Institutionen". Die Erziehung krimineller Jugendlicher gehört zu den Arbeitsgebieten der Pädagogik bei Verhaltensstörungen. Dennoch liegen hierzu nur wenige Erkenntnisse vor, so dass nach deren Vermittlung in der Lehre bei den Studierenden der Justus-Liebig-Universität viele Fragen offen bleiben. Mit einigen dieser Fragen haben sich die Autorinnen dieses Bandes in ihren Abschlussarbeiten beschäftigt. Die zentralen Befunde dieser umfassenden Arbeiten werden in diesem Band vorgestellt.

Dieser Band gliedert sich in drei Teile mit jeweils zwei Beiträgen. Im ersten Teil wird auf zwei sozialstrukturelle Merkmale krimineller Jugendlicher eingegangen. So beschäftigt sich *Joana Lauth* mit den Ursachen des Schulbildungsniveaus junger Strafgefangener. Die Pädagogik bei Verhaltensstörungen liefert hierzu kaum Antworten. Daher hat die Autorin im Jahr 2008 eine empirische Untersuchung durchgeführt. In dieser qualitativen Studie hat sie fünf junge männliche Strafgefangene im Alter zwischen 17 und 19 Jahren ohne Schulabschluss in der Justizvollzugsanstalt Rockenberg nach den Gründen für ihren schulischen Misserfolg mündlich befragt. Die Befragten gaben immer ihr Verhalten während der Schulzeit als Einflussfaktor an. Laut der Autorin weist dieser zentrale Befund ihrer empirischen Untersuchung – dessen Verallgemeinerung noch aussteht – auf die Notwendigkeit eines adäquaten Umgangs mit Symptomen und Erscheinungsformen von Verhaltensstörungen in Schule hin.

Die Erklärung kriminellen Verhaltens von Jugendlichen mit (Spät-) Aussiedlerhintergrund ist Thema des Beitrages von *Margarete Bergen* und *Marianne Tefke*. Diese Thematik fand bislang keinen Eingang in die Pädagogik bei Verhaltensstörungen. Es liegen lediglich einzelne Publikationen zu Verhaltensstörungen dieser Gruppe im Allgemeinen vor. Deshalb greifen beide Autorinnen auf Veröffentlichungen anderer wissenschaftlicher Disziplinen zurück. Dabei werden neben Risikofaktoren unterschiedliche theoretische Ansätze diskutiert. Die Autorinnen weisen auf Problemlagen hin, die einer erfolgreichen sozialen Integration dieser Einwanderungsgruppe entgegenstehen und ihnen damit das Führen eines straffreien Lebens in unserer Gesellschaft deutlich erschweren. Auf diese Problemlagen muss reagiert werden, um kriminellem Verhalten von Jugendlichen mit (Spät-) Aussiedlerhintergrund entgegenzuwirken. Dazu bedarf es weiterer Forschungen zu kulturbedingten Verhaltensstörungen und entsprechenden präventiven Ansätzen, die sich wiederum als wirksam erweisen müssen.

Junge Menschen, die eine Straftat begangen haben, können zu einer Jugendstrafe verurteilt werden. Diese Jugendstrafe wird in geeigneten Einrichtungen vollzogen. Zu diesen Einrichtungen zählt der Vollzug in freien Formen, mit dem sich *Kathrin Dietrich* in ihrem Beitrag auseinandersetzt. Die Autorin geht insbesondere der Frage nach, inwiefern diese

Vollzugsform dem Ziel der sozialen Integration gerecht wird. Zur Beantwortung dieser Frage hat sie das Projekt Chance in Baden-Württemberg, und zwar am Beispiel der Einrichtung in Creglingen näher betrachtet. Ihr Beitrag gibt daher Auskunft über die Konzeption dieser kriminalpädagogischen Einrichtung, insbesondere über deren methodische Umsetzung und Wirksamkeit. Da es nur wenige solcher Einrichtungen in Deutschland gibt, lohnt ein Blick ins Ausland, und zwar in die Schweiz mit ihren 160 Einrichtungen der offenen Unterbringung. Eine dieser Einrichtung ist die Pestalozzi Jugendstätte Burghof im Kanton Zürich, die im Beitrag vorgestellt und mit der Einrichtung in Creglingen verglichen wird. Es konnten viele Gemeinsamkeiten zwischen beiden Institutionen gefunden werden. Die bisherige Begleitforschung zum Projekt Chance ergab sehr positive Effekte und damit eine positive Antwort auf obige Frage, so dass die geringe Anzahl solcher Einrichtungen in der Bundesrepublik Deutschland nicht nachvollziehbar ist.

Jennifer Seil befasst sich in ihrem Beitrag mit der Erziehung krimineller Jugendlicher in Luxemburg am Beispiel des *Centre socio-éducatif de l'Etat* und den ihm umrahmendem System. Auch über diese kriminalpädagogische Einrichtung ist nur wenig bekannt. Die Autorin hat daher nicht nur alle publizierten Erkenntnisse zusammengetragen, sondern zur Vervollständigung und Aktualisierung im Jahr 2009 auch eine Bestandsaufnahme vorgenommen. Hierfür hat sie ein Experteninterview durchgeführt und ergänzend Berichte über diese Institution herangezogen. Neben der Beschreibung der Institution diskutiert die Autorin in ihrem Beitrag einzelne strukturelle und inhaltliche Aspekte dieser kriminalpädagogischen Einrichtung. Da es aber bislang keine systematische Begleitforschung gibt, ist eine umfassende Bewertung dieser Einrichtung aktuell noch nicht möglich.

Kriminelle Jugendliche müssen aus Sicht der Pädagogik bei Verhaltensstörungen pädagogisch-therapeutisch gefördert werden. *Sarah Fissmann* hat sich zum Beispiel mit der künstlerischen Förderung und ihrer Bedeutung für die Persönlichkeitsentwicklung krimineller Jugendlicher befasst. Dabei ist sie der Frage nachgegangen, inwiefern Kunst diese Entwicklung fördern kann. Da diese Frage aufgrund bestehender Forschungsdefizite nicht mittels vorhandener Literatur beantwortet werden konnte, hat die Autorin eine qualitative Studie durchgeführt. Basierend auf der Theorie des Pädagogen Heinrich Roth entwickelte sie einen Interviewleitfaden zur Befragung von Personen, die seit mehreren Jahren in Bildhauerwerkstätten mit kriminellen Jugendlichen arbeiten. Die Experteninterviews wurden von ihr im Jahr 2008 mit Leiterinnen und Leitern aus den Werkstätten Frankfurt am Main, Oberursel und Bremen durchgeführt. Ein zentraler Befund ihrer Untersuchung ist, dass in den Bildhauerwerkstätten der pädagogisch-therapeutische Förderbedarf von kriminellen Jugendlichen erkannt wurde und deshalb auch Berücksichtigung findet. So werden in den Werkstätten Selbst-, Sach- und Sozialkompetenz als Persönlichkeitsdimensionen vermittelt, so dass die Ausgangsfrage positiv beantwortet werden kann. Außerdem ließen sich auch therapeutische Ansätze finden. Die Begleitforschung ist hier bislang unsystematisch.

In den letzten Jahren wird in der Pädagogik bei Verhaltensstörungen die Konfrontative Pädagogik diskutiert. Die theoretische Grundlage der Konfrontativen Pädagogik wurde bislang nicht überprüft. Dieses Forschungsdefizit gleicht *Svende Annamarie Schäfer* mit ihrem Beitrag aus. Der Nachweis theoretischer Mängel durch die Autorin rückt die Konfrontative Pädagogik in ein schlechtes Licht. Des Weiteren steht die Konfrontative Pädagogik in diesem Beitrag aufgrund ihres Umgangs mit Menschen in der Kritik. Hinzu kommt, dass das Anti-Aggressivitäts-Training als Ursprung und beispielhafte Maßnahme der Konfrontativen Pädagogik nachweislich keine positiveren Effekte als andere Maßnahmen erzielt hat. Angesichts dieser Erkenntnisse ist diese Maßnahme als pädagogisch-therapeutische Hilfe kaum vorstellbar und die Existenz einer Vielzahl solcher Angebote in der Praxis schwerlich nachzuvollziehen.

Die vorliegenden Aufsätze haben einen Erkenntnisfortschritt für die Pädagogik bei Verhaltensstörungen erbracht. Angesichts des Umgangs mit ausgezeichneten Abschlussarbeiten an den Universitäten dieses Landes ist dies jedoch nur ein geringer Erfolg. Denn Abschlussarbeiten werden in der Regel nicht veröffentlicht, sondern verstauben in den Bibliotheken der Universitäten. Mit Blick auf die enormen Forschungsdefizite im Fachgebiet Pädagogik bei Verhaltensstörungen, aber auch in anderen wissenschaftlichen Disziplinen ist dieser Umgang mit solchen Arbeiten nicht länger hinnehmbar. Deshalb wurde dieses Buch herausgegeben und stößt hoffentlich auf Nachahmung.

Allen Autorinnen möchte ich herzlich für ihre Beiträge danken und wünsche allen Leserinnen und Lesern eine erkenntnisreiche Lektüre.

Gießen, im Winter 2011

Dipl.-Päd. Susann Reinheckel
(Wissenschaftliche Mitarbeiterin
am Institut für Heil- und Sonderpädagogik
der Justus-Liebig-Universität)

Verhaltensstörungen als Ursache des Schulversagens junger Strafgefangener

Joana Lauth

1   Einleitung

Die Auswirkungen schulischen Erfolgs und Misserfolgs sind für den weiteren Lebensweg von Schülerinnen und Schülern weit reichend. Mit der Vergabe von Schulabschlüssen werden Ausbildungen und berufliche Entwicklungen ermöglicht, was gleichzeitig bedeutet, dass bei Vollzielschulversagen, also dem Nichterreichen eines Abschlusses, die persönlichen Möglichkeiten stark eingeschränkt werden. (vgl. Tupaika, 2003, S. 10f). Die gravierenden Auswirkungen schulischen Versagens machen deutlich, wie wichtig Maßnahmen der Prävention und Intervention sind. Es stellen sich somit auch Fragen nach den Ursachen.

Im ersten Teil des Beitrags werden die Untersuchungsgegenstände, Verhaltensstörungen und Schulversagen, zunächst einzeln erläutert und geklärt und dann, in einem zweiten Schritt, in einen Zusammenhang gebracht. Anschließend wird Schulversagen bei kriminellen Jugendlichen, im Speziellen bei jungen Strafgefangenen untersucht. Dieser Abschnitt leitet den zweiten Teil ein, in dem die Beziehung von Schulversagen und Verhaltensstörungen im speziellen Fall der Kriminalität empirisch untersucht wird. Dazu werden die Planung, Durchführung und Ergebnisse einer qualitativen empirischen Untersuchung mit jungen Strafgefangenen beschrieben, in der vor allem den Gründen für das (Vollziel-) Schulversagen mit besonderer Berücksichtigung der Rolle der Verhaltensstörungen nachgegangen wird.

2   Theoretischer Hintergrund

Verhaltensstörungen und Schulversagen sind zwei Phänomene, die im Folgenden zunächst getrennt theoretisch beleuchtet werden. Diese Betrachtung soll die Grundlage sein für die Wechselbeziehung dieser beiden Phänomene, besonders im Fall der Kriminalität.

2.1 Verhaltensstörungen

Geprägt auf dem 1. Weltkongress für Psychiatrie, der 1950 in Paris stattfand, setzte sich der Begriff Verhaltensstörung als Bezeichnung für Verhaltensformen durch, die Kinder und Jugendliche in Schwierigkeiten mit ihrer Umwelt und sich selbst bringen (vgl. Myschker 2005, S. 43). Der Begriff Verhaltensstörung entstammt somit der Psychiatrie und nicht der

Pädagogik. Eine weitgehend anerkannte Definition von Verhaltensstörung lieferte Myschker. Er beschreibt eine Verhaltensstörung als

> „ein von den zeit- und kulturspezifischen Erwartungsnormen abweichendes maladaptives Verhalten, das organogen und/oder milieureaktiv bedingt ist, wegen der Mehrdimensionalität, der Häufigkeit und des Schweregrades die Entwicklungs-, Lern- und Arbeitsfähigkeit sowie das Interaktionsgeschehen in der Umwelt beeinträchtigt und ohne besondere pädagogisch-therapeutische Hilfe nicht oder nur unzureichend überwunden werden kann" (Myschker 2005, S. 45).

Von einer Verhaltensstörung ist nur zu sprechen, wenn die Verhaltensschwierigkeiten längere Zeit andauern, unter unterschiedlichen Reizbedingungen in verschiedenen Situationen auftreten und nicht bewusst und kontrollierbar zum Erreichen von Zielen gezeigt werden. Es geht also nicht um ein vorübergehendes problematisches Verhalten, sondern um eine langfristige Beeinträchtigung des sozialen Lebens des Kindes oder Jugendlichen (vgl. Myschker 2005, S. 43). Eine Intelligenzminderung ist bei Kindern mit Verhaltensstörungen nicht festzustellen (vgl. Vernooij 2007, S. 327).

Die Erscheinungsformen und Symptome von Verhaltensstörungen sind vielfältig und treten in individuell sehr unterschiedlichen Kombinationen auf. Es gibt daher kein einheitliches Bild von der Verhaltensstörung, was den Begriff zu einem phänomenologischen Oberbegriff macht (vgl. ebd, S. 46f). Die einzelnen Symptome und Erscheinungsformen von Verhaltensstörungen können in Ordnungssysteme eingeordnet und somit klassifiziert werden. Zum einen wird zwischen primären und sekundären Verhaltensstörungen unterschieden. Primäre Verhaltensstörungen treten unabhängig von andersartigen Behinderungen auf, während sekundäre Verhaltensstörungen Folgesymptome sind (vgl. Mutzeck 2000, S. 24).

Eine weitere empirisch gut belegte Klassifikation ist die Unterscheidung von externalisierenden und internalisierenden Verhaltensstörungen. Externalisierende Erscheinungsformen richten sich nach außen, also gegen die Umwelt, und äußern sich dementsprechend in Symptomen wie Aggressivität, Hyperaktivität, Konzentrationsmangel, Auflehnung und Wutanfällen. Kinder und Jugendliche mit internalisierenden Verhaltensstörungen zeigen gegenteilige Symptome wie Ängstlichkeit, Traurigkeit, Zurückgezogenheit, Gehemmtheit und psychosomatische Störungen (vgl. Hillenbrand 2006, S. 36f; Myschker 2005, S. 51f). In der weitaus überwiegenden Anzahl zeigen Jungen ausagierende Symptome und Mädchen ängstlich-gehemmte Verhaltensweisen. Insgesamt sind bei Jungen zwei- bis dreimal häufiger Verhaltensstörungen festzustellen, als bei Mädchen (vgl. Myschker 2005, S. 56).

2.2 Schulversagen

Schulversagen wird, so Hildeschmidt, oft als administratives oder formales Schulversagen verstanden, bei dem als „Ergebnis negativer Fremdbewertungen der Schülerleistungen" (Hildeschmidt 1998, S. 990), meist im sozialen Vergleich, administrativ mit der Zurückstellung vom Schuleintritt, der Klassenwiederholung, Abschulung, Sonderschuleinweisung oder dem Verfehlen des Abschlusses (Vollzielschulversagen) reagiert wird (vgl. ebd., S. 990).

Von dem administrativen Schulversagen grenzt Tupaika das schülerspezifische Schulversagen ab, das individuelle Erscheinungsformen und Symptome der Leistungsschwäche eines Schülers beschreibt und nicht zwingend zu administrativem Versagen führt (vgl. Tupaika 2003, S. 20).

Laut Tupaika gelten „auffällige unterdurchschnittliche Lernleistungen im Vergleich zum Leistungsdurchschnitt der jeweiligen Bezugsgruppe (Schulklasse)" als Schulversagen (vgl. ebd., S. 15). Die Erwartungen werden vom Lehrer entwickelt und mit ihnen wertet er die Leistungen im sozialen Vergleich. Es besteht also keine allgemeine Beurteilungsgrundlage in Form von Kriterien, sondern die Beurteilung eines Individuums schwankt mit wechselnder Bezugsgruppe (vgl. ebd.).

Bei der Beschreibung von Erscheinungsformen des Schulversagens sind temporär unterschiedliche Verlaufsformen festzustellen. (vgl. ebd, S. 18f). Außerdem wird danach differenziert, ob das Schulversagen generell oder speziell bzw. partiell ist und somit nur bestimmte Fächer und Lernbereiche betrifft (vgl. ebd., S. 19f). Durch die vielfältigen Kombinationsmöglichkeiten der einzelnen Aspekte dieser Dimensionen wird deutlich, dass sehr unterschiedliche Versagensbiografien möglich sind, die es nötig machen das Schulversagen individuell und situationsbezogen zu differenzieren und zu analysieren, um in jedem Fall eine schülerbezogene Lösung finden zu können (vgl. ebd., S. 21).

2.3 Schulversagen und Verhaltensstörungen

Schulversagen und Verhaltensstörungen können in einer Wechselbeziehung stehen. Im Folgenden werden die Ergebnisse empirischer Studien zusammengefasst. Die meisten dieser Studien sind nicht aktuell, sondern bereits aus den siebziger und achtziger Jahren. Der aktuelle Forschungsstand in diesem Bereich ist also lückenhaft. Das Auftreten schulischen Misserfolgs kann gemeinsam mit Erziehungsschwierigkeiten, Verhaltensstörungen, Persönlichkeitsstörungen und kriminellem Verhalten beobachtet werden (Höhn 1980, S. 20). In einer Untersuchung zeigt Kluge, dass in der Grundschule und noch deutlicher in der Hauptschule die Leistungen einer Mehrzahl der Schülerinnen und Schüler mit Verhaltensstörungen unterdurchschnittlich sind. Besonders für die fünften und sechsten Jahrgänge stellt er eine Kopplung von Leistungsversagen und Verhaltensstörungen fest (vgl. Kluge 1975, S. 186). Die Feststellung dieser Wechselbeziehung durch Vergleichsuntersuchungen sagt aber allein noch nichts über das Verhältnis von Ursache und Wirkung aus. Es können Verhaltensstörungen oder Symptome von Verhaltensstörungen zu schulischem Versagen führen, aber auch anhaltende Misserfolge unangepasstes Verhalten hervorrufen. Außerdem können Symptome von Verhaltensstörungen wie Schulangst, Schulphobie, Schulschwänzen, Aggression, Hyperaktivität, Depression oder Kontaktstörungen Erscheinungsformen und Symptome des Schulversagens sein (vgl. Höhn 1980, S. 21; Tupaika 2003, S. 15). Insge-

samt ist davon auszugehen, dass es sich um Wechselwirkungen handelt, die sich gegenseitig verstärken.

Pinkert führte 1972 eine Untersuchung an Kindern und Jugendlichen aus Einrichtungen der öffentlichen Erziehung durch, in der Zusammenhänge des „Verwahrlosungsphä-
nomens" mit der Schulminderleistung geprüft wurden und die sich unter anderem mit der
Art und dem zeitlichen Auftreten von Verhaltensaberrationen, bezogen auf das schulische
Leistungsvermögen, beschäftigte (vgl. Pinkert 1972, S. 7). Diese Untersuchung ergab, dass
die Personen, die ohne Abschluss von der Volksschule abgingen, bei denen also ein Vollzielschulversagen festzustellen war, früher in Institutionen der öffentlichen Erziehung eingewiesen wurden und signifikant häufiger bereits früh verhaltensauffällig wurden. Das
frühe Auftreten der Verhaltensstörungen weist darauf hin, dass sie nicht erst durch schulische Überforderung und Schulversagen ausgelöst wurden (vgl. ebd., S. 154). Pinkerts Ergebnisse weisen eindeutig darauf hin, dass das Schulversagen vieler dieser Jugendlichen
aus der öffentlichen Erziehung nicht mit mangelnder Intelligenz begründet werden kann,
sondern vielmehr durch Probleme, die aufgrund von sozialen Anpassungsstörungen und
Verhaltensstörungen entstehen (vgl. ebd., S. 68ff).

Wiederholter schulischer Misserfolg senkt nicht nur die Leistungsfähigkeit, sondern
kann auch die Ursache für die unterschiedlichsten Verhaltensstörungen sein (vgl. Höhn
1980, S. 10; Mohler 2006, S. 241). Braun-Scharm spricht davon, dass Überforderung in der
Schule Reaktionen „introversiver, extraversiver und psychosomatischer Art" hervorrufen
und „Entwicklungen zur Dissozialität und Substanzmissbrauch" fördern kann (Braun-
Scharm 1998, S. 73). Auch Mutzeck weist auf Faktoren hin, die zu abweichendem Verhalten führen können und nennt dabei das ständige Erleben von Versagen in der Schule als
einen Einzelfaktor (vgl. Mutzeck 2000, S. 72). Demzufolge kann in Untersuchungen mit
experimentell ausgelöstem Misserfolg gezeigt werden, dass unauffällige Menschen ohne
Verhaltensstörungen unter der Belastung durch Misserfolg Verhaltensstörungen zeigen, die
nach der Beendigung des Misserfolgs nicht mehr auftreten. Außerdem ist festzustellen, dass
Verhaltensstörungen schlechter Schülerinnen und Schüler durch die Beseitigung der Misserfolge behoben werden können und die Verhaltensstörungen somit auf das Schulversagen
zurückzuführen sind (vgl. Höhn 1980, S. 21). Aus der Feststellung, dass der Anteil der
Schülerinnen und Schüler mit Verhaltensstörungen im Laufe der Schulzeit signifikant an-
steigt, leitet Kluge ab, dass im Laufe der Schullaufbahn belastende Faktoren einwirken, die
nicht ausreichend abgebaut werden. Als wichtigen belastenden Faktor für die Entstehung
von Verhaltensstörungen nennt Kluge das Leistungsversagen (vgl. Kluge 1975, S. 70, S.
151f).

2.4 Schulversagen bei kriminellen Jugendlichen

Unter Kriminalität werden die Formen abweichenden Verhaltens verstanden, die nach gesetzlichen Festlegungen strafbar sind.

Zu den Ursachen des schulischen Misserfolgs junger Strafgefangener liegen kaum aktuelle Studien vor. Reinheckel führte 2004 eine qualitative Studie mit jungen Strafgefange-

nen durch und untersuchte deren Schulbiographie auf Formen schülerspezifischen und administrativen Schulversagens. Bei allen befragten Jugendlichen haben mehrere Versagensformen dazu beigetragen, dass die Jugendlichen die Schule vorzeitig verlassen haben und somit das Vollziel, den Schulabschluss, nicht erreichten (Reinheckel, 2006, S. 185f). Bei Kindern und Jugendlichen, deren Verhalten durch Instanzen der Sozialarbeit, der Polizei oder der Justiz sanktioniert wird, zeigt sich gehäuft auch in der Schule abweichendes Verhalten, insbesondere Schulschwänzen, Störungen der schulischen Ordnung und Apathie gegenüber schulischen Leistungsanforderungen (vgl. Brusten/Hurrelmann 1973, S. 7), also Symptome und Erscheinungsformen von Schulversagen. Es fallen also Jugendliche mit schwachen Schulleistungen formellen Instanzen sozialer Kontrolle, wie Jugendamt, Polizei und Gericht, häufiger auf als gute Schülerinnen und Schüler (vgl. ebd., S. 153f). Im Leben junger Strafgefangener sind Formen von Leistungsversagen und Verhaltensstörungen während der Schulzeit prägende Erfahrungen (vgl. Ziehlke 1993, S. 97).

Danzinger, Jeschek und Egger zeigen in einer Untersuchung, dass Strafgefangene deutlich schlechtere Schulleistungen erbringen als die Kontrollgruppe aus Jugendlichen, die in den Merkmalen Alter, Geschlecht, Schulbildung und Herkunftsschicht der Zielgruppe der Strafgefangenen entspricht (vgl. Danzinger/Jeschek/Egger 1977, S. 53). Ziehlke erklärt das schulische Scheitern mit „desinterative[n, J. L.] Prozesse[n, J. L.]" in der Schule. Sie sieht unangepasstes Verhalten, Stigmatisierungsprozesse und eine geringe Verfügbarkeit über Ressourcen als Hauptursachen für das häufige Schulversagen junger Strafgefangener (vgl. Ziehlke 1993, S. 93).

Aus dem von Danziger, Jäger und Egger festgestellten geringeren Schulerfolg junger Strafgefangener ergibt sich, dass sich in Jugendstrafanstalten, gemessen an der Gesamtbevölkerung, überproportional viele ehemalige Schülerinnen und Schüler einer Sonderschule und Jugendliche ohne Abschluss finden lassen. Der Anteil der Jugendlichen mit Hauptschulabschluss ist geringer als in der Gesamtbevölkerung, ehemalige Realschülerinnen und -schüler oder Gymnasiasten finden sich kaum (vgl. Tupaika 2003, S. 455). Jugendliche, die in ihrer Schulzeit auffälliges und kriminelles Verhalten zeigen, erreichen trotz normaler Intelligenz häufiger nicht das Ziel ihrer Schullaufbahn, den Schulabschluss (vgl. Danzinger/Jeschek/Egger 1977, S 55f).

3 Die Untersuchung

Im Folgenden werden auf der Grundlage der bisherigen Ausführungen die wichtigsten Erkenntnisse einer eigenen qualitativen Untersuchung erläutert.

3.1 Planung und Durchführung

Diese Untersuchung widmet sich der Frage nach den Ursachen des Schulversagens beziehungsweise Vollzielschulversagens von junger Strafgefangenen. Nach Myschker sind junge Strafgefangene größtenteils als Menschen mit Verhaltensstörungen zu sehen (Myschker

2005, S. 45, 456). Verschiedene Untersuchungen ergaben, dass der Erfolg, mit dem sie die Schule besuchten, trotz meist normaler Intelligenz, weit unterdurchschnittlich ist (vgl. Danzinger/Jeschek/Egger 1977, S. 53 Brusten/Hurrelmann 1973, S. 153f; Ziehlke 1993, S. 97). Aufgrund dieser Feststellungen liegt die Vermutung einer Wechselbeziehung der Phänomene Schulversagen und Verhaltensstörungen nahe. Auch wenn im Einzelfall nicht immer erkennbar sein kann, ob zu Beginn der Wechselwirkung das Schulversagen oder die Verhaltensstörungen standen, kann so die Bedeutung der Verhaltensstörungen als Bedingungsfaktor für Schulversagen erforscht werden. Ziel der Untersuchung ist also ein differenziertes Bild der Gründe für das Schulversagen junger Strafgefangener zu zeichnen und im Speziellen den Einfluss der Verhaltensstörung zu beschreiben.

Zur Beantwortung der Forschungsfrage wurde eine empirische Untersuchung in Form von qualitativen, leitfadengestützten Interviews (vgl. Reinders 2005, S. 103ff) in der JVA Rockenberg, einer Jugendstrafanstalt, durchgeführt. Die Interviews mit jungen Strafgefangenen, die die Schule abgebrochen haben, ohne Abschluss nach Vollendung der Vollzielschulpflicht von der Schule abgegangen sind oder die Abschlussprüfung nicht bestanden haben, sollen Aufschluss über Symptome von Verhaltensstörungen als Grund oder Verstärker von Vollzielschulversagen geben. Das durch die Interviews erhaltene subjektive Bild von den Gründen des Vollzielschulversagens der Gefangenen wurde durch eine Analyse der Akten dieser Jugendlichen zu einem objektiveren Bild erweitert.

Der verwendete Interviewleitfaden beinhaltet vor allem Fragen zum Verhalten der befragten Jugendlichen in der Schule und zu den Gründen, die sie selbst für ihr Schulversagen sehen. Es geht also darum, Symptome von Verhaltensstörungen zu erkennen und darauf aufbauend den Zusammenhang mit Schulversagen zu erfragen, indem allgemein nach den Gründen für das Schulversagen gefragt wird.

Die Stichprobe der Jugendlichen setzt sich aus sechs Strafgefangenen der JVA Rockenberg zusammen, die sich freiwillig zur Teilnahme an der Untersuchung gemeldet haben. Alle Befragungsteilnehmer waren männlich. Ihr Alter betrug 17 bis 19 Jahre. Fünf der sechs Jugendlichen waren deutscher Nationalität (davon drei Jugendliche mit Migrationshintergrund) und ein Jugendlicher war russischer Nationalität.

Die Gespräche fanden im Oktober 2008 in einem Aufenthaltsraum der Schule der Justizvollzugsanstalt Rockenberg statt. Die Dauer der Gespräche lag zwischen 20 und 40 Minuten. Im Allgemeinen waren die Jugendlichen sehr offen und gesprächsbereit, so dass sich lockere und angenehme Gespräche entwickeln konnten.

3.2 Ergebnisse

Die wichtigsten Ergebnisse der Studie werden im Folgenden dargestellt. Zunächst werden die festgestellten Symptome von Verhaltensstörungen thematisiert und anschließend die Formen des Schulversagens.

3.2.1 Symptome von Verhaltensstörungen

Im Folgenden werden die bei den jungen Strafgefangenen festgestellten Symptome von Verhaltensstörungen dargestellt. Die Bezeichnung der Symptome richtet sich größtenteils nach Myschkers Symptomliste der Verhaltensstörungen (vgl. Myschker 2005, S. 48f).

3.2.1.1 „Und dann bin ich zu ihm gegangen, hab ihm eine gegeben."

Der Begriff Gewalt wurde in den Gesprächen nicht erläutert oder eingegrenzt. Wer Gewalt erleidet, erfährt eine negative Einwirkung gegen seinen Körper, seine Freiheit, seinen Besitz oder seine soziale Existenz. Gewalt übt aus, wer anderen solche negativen Einwirkungen zufügt (vgl. Hügli, 2005, S. 23ff). Wie die Auswertung dieses Teils zeigt, wurde von den Jugendlichen ausschließlich körperliche Gewalt beschrieben.

Vier der befragten Jugendlichen gaben an, selbst regelmäßig Gewalt in Form von Schlägereien in ihrer Schulzeit ausgeübt zu haben:

M: „Ja das war die Anfangszeit so gewesen. Aber dann nach ner Zeit wurde das ruhiger, dann wurde ich von der Art her aggressiver und hab mich oft geschlagen. (…)"

S: „Ja so in den Pausen hat das dann auch angefangen, so mit Schlägereien und so Kleinigkeiten und so. So sich mit anderen Jungs rumraufen und so Kram. (...)"

I: „Was war problematisch?"
R: „Ja, so Aktionen und so, Schlägereien."
I: „Schon am Anfang in der Grundschule?"
R: „Mhm."
(…)
R: „Ja, so, man findet halt immer einen, da, mit dem man richtig gut klar kommt. Dann nimmt man halt Schwächeren und so ins Zimmer und dann auf die eingeschlagen oder so."

H: „ (…)War mir egal, wo ich jemanden schlage. Sonst hab ich immer drauf geachtet, dass es so beim Sport ist oder so in der Kabine."

Ein Jugendlicher gab an im Kontext der Schule keine Probleme mit Gewalt gehabt zu haben, hingegen aber im außerschulischen Bereich:

I: „OK. Ehm, wie war das so mit Prügeleien und so. Hattest du da Probleme?"
A: „Eigentlich nicht. In der Schule ne."
I: „Sonst schon?"

A: „Ja, wenn ich weggegangen bin, auf Party oder so. Is klar, wenn dann jemand meine Freundin anmacht oder so (lacht). Is klar."

Als Gründe für die Gewalthandlungen wurden von den Jugendlichen Konflikte der Freunde, Spaß, der Umgang mit gewaltbereiten Freunden und das Bedürfnis nach dem Einnehmen einer Machtrolle genannt. Außerdem sah einer der Jugendlichen den Umzug vom Dorf in die Stadt und der *Fremdenfeindlichkeit* als ausschlaggebend an. Zwei Jugendliche thematisierten auch den Einfluss von Drogen auf ihre Aggressivität: Während M. einen klaren Zusammenhang zwischen seiner gesteigerten Aggressivität und der Einnahme von Kokain sieht, nannte R. Drogen und Alkohol eher beiläufig im Zusammenhang mit Gewalt.

Bis auf H. berichten alle Jugendlichen davon, dass sie die Lehrer während des Unterrichts angriffen und sich über sie lustig machten:

I: „ Beschreib ruhig mal dieses ‚alles', was da angefangen hat."
M: „Ja so halt die ganze Zeit Lehrer verarschen (…)."

A: „Teilweise, also. Manche ham wir dann halt so abgefuckt im Prinzip, bis der die Klasse verlassen hat oder hat überhaupt keinen Bock mehr gehabt irgendwie."

St: „(…) Und davor des war, genau, da hat ne Lehrerin, Mathelehrerin, die hab ich gehasst ohne Ende, und da hab ich Wasserbomben auf die geworfen."

R: „Ei ja, ich hab gesagt immer ‚so `gucken se mal, da läuft irgendwas raus' und so und der immer ‚hör auf mich zu verarschen'. Oder die Tafel hingeschrieben, ja verschiedene Sachen halt. So Kleinigkeiten, aber die haben sich halt gehäuft."

Was die Jugendlichen selbst meist als „Lehrer verarschen" bezeichneten, zeigte sich vor allem darin, dass sie Gegenstände auf die Lehrkraft warfen und dass sie versuchten, sie durch Äußerungen aus dem Konzept zu bringen.

3.2.1.2 *„Dann bin ich fast gar nicht mehr hingegangen."*

Alle sechs befragten Jugendlichen berichteten davon, dass sie Schule geschwänzt haben. Schulschwänzen beschreibt das unentschuldbare Fernbleiben von Schule, aus einem gesetzlich nicht vorgesehenen Grund. Es kann mit oder ohne Wissen der Eltern geschehen (vgl. Thimm/Ricking, 2004, S. 46).

M: „Dann hat das langsam so angefangen, so ab der sechsten Klasse. Schule schwänzen..."

A: „Ja ich äh bin halt lieber in die Spielothek gegangen oder dann halt zu meine Freundin gefahren oder sonst irgendwas halt. Die meiste Zeit war ich aber in der Spielothek, hab halt gespielt gehabt (-) un (-)"

St: „Ne. Früher bin ich überhaupt nicht gerne gegangen. Ich hab versucht immer zu schwänzen, wo ich nur konnte,(…)"

I: „(…) Hattest du, hast du Schule geschwänzt, oder ging das?"
S: „Ja das hat erst so in der, so achte Klasse angefangen. (…)"

R: „Ja, irgendwann bin ich da auch nicht mehr hingegangen. Eigentlich gar nicht mehr. Zwei, drei Wochen da gewesen, dann hatt ich keine Lust mehr."

I: „Gut, OK. Ehm und wie war das früher in deiner Schulzeit, so ganz allgemein? Gings dir da so ähnlich wie hier, oder hat dir das besser oder schlechter gefallen?"
H: „Ich war (-) sehr selten da, deswegen is ein bisschen komisch."

Der Umfang des Schulschwänzens variierte unter den Jugendlichen von einzelnen Tagen bis hin zu mehreren Monaten am Stück. Alle Befragten hatten während ihrer Schullaufbahn Phasen, in denen sie intensiv und häufig Schule schwänzten. Nur R. berichtet davon, dass das Schulschwänzen sich im Laufe der Schulzeit gebessert hat.

Die Jugendlichen R. und H. haben während der Schulzeit oft geschlafen, M. war mit anderen Jugendlichen in der Stadt unterwegs und A. verbrachte seine freien Vormittage fast ausschließlich in der Spielothek.

Einige Jugendliche haben Gründe für ihr Schulschwänzen genannt. A. begründete das Schulschwänzen, wie bereits angedeutet, mit seiner Spielsucht, durch die er die Schulzeit in der Spielothek verbracht hat. St. führte sein Schulschwänzen hauptsächlich auf sein auffälliges Verhalten und die darauf folgenden häufigen Strafen schon in seiner frühen Schulzeit zurück. S. sieht einen Zusammenhang zwischen dem Beginn des Schulschwänzens und des Drogenkonsums. Für H. lag sein häufiges Schulschwänzen vor allem darin begründet, dass er zu viele alternative Beschäftigungsmöglichkeiten hatte und keinen Sinn im Schulbesuch sah, weil er nicht das Gefühl hatte, etwas zu lernen.

3.2.1.3   „Konzentrieren is eigentlich null."

Zwei der Jugendlichen berichteten, dass bei ihnen während der Schulzeit ADHS (Aufmerksamkeits-Defizit-/Hyperaktivitäts-Syndrom) diagnostiziert wurde. ADHS gehört zu den hyperkinetischen Störungen und zeigt die Kardinalsymptome der Aufmerksamkeitsstörung, der motorischen Überaktivität und der Impulsivität. Außerdem sind häufig Kontaktschwierigkeiten, Lern- und Leistungsprobleme und emotionale Probleme zu beobachten (vgl. Quaschner/Theisen, 2005, S. 156f).

St: „(…) Ehm ich war eigentlich ein sehr auffälliges Kind auch, ich hab dieses ADS, is damals schon bei mir festgestellt worden.
I: „Mhm. ADS oder ADHS?"
St: „ADHS."

R: „Ich hab ADSH."
I: „ADHS?"
R: „ADHS, ja."

Die Aufmerksamkeitsstörung zeigte sich bei St. durch motorische Unruhe (Hibbeligkeit), fehlende Aufmerksamkeit, das Ärgern von Mitschülerinnen und Mitschüler im Unterricht und Impulsivität beziehungsweise fehlende Impulskontrolle. R. beschreibt die Symptomatik mit Unaufmerksamkeit, fehlender Konzentration, Clownerien und Unterrichtsstörungen, wobei es ihm nicht nur darum ging, Spaß zu machen, sondern auch seine Mitschülerinnen und Mitschüler zu ärgern.

Beide sollten Medikamente zur Abschwächung der Symptome nehmen. Ebenso berichten beide von Nebenwirkungen, die so unangenehm waren, dass sie letztlich selbst die Medikamente absetzten. St. hat sie nach einer sehr kurzen Zeit abgesetzt und R. hat sie lange unregelmäßig eingenommen und sie schließlich auch abgesetzt.

St. nannte Langeweile im Unterricht als Grund oder Verstärker für seine unaufmerksamen und störenden Verhaltensweisen.

Die Auswirkungen der Drogen, insbesondere des Marihuanas, auf seine Aufmerksamkeitsstörung beschrieb R. als positiv und bezüglich ihrer beruhigenden und Konzentration steigernden Wirkung sogar als effektiver als seine Medikamente. Auch die Nebenwirkungen, besonders die Schlaflosigkeit, wurden durch den Drogenkonsum eingeschränkt.

3.2.1.4 „ich hab wirklich alles mal ausprobiert"

Vier der Jugendlichen gaben an, während ihrer Schulzeit Drogen, also legale und illegale psychoaktive Substanzen (vgl. Hurrelmann, 2007, S. 169), konsumiert zu haben:

M: „Mhh. Ja, ich hab also hauptsächlich Haschisch geraucht und Gras und Kokain gezogen. Ja."

St: „Drogen hab ich erst genommen in der (4.0) neunten, ja erst in der neunten Klasse hab ich Drogen genommen."

St: „(…) In der Zeit hab ich halt, wie gesagt, angefangen Drogen zu nehmen und ich hab wirklich alles mal ausprobiert, außer Heroin und Crack. Ich hab mir Teile gegeben, Pilze, Pappen, alles und es ging wirklich bergab mit mir. (…)"

S: „ Ja das hat erst so in der, so achte Klasse angefangen. So als ich dann so auf Drogen und so lauter Kram gekommen bin, dann hat das angefangen."

I: „OK. Also hast jetzt grad schon die Drogen erwähnt. Wann hat des angefangen?"
R: „Mit kiffen?"
I: „Ja."
R: „Mit elf Jahren. Also, da hab ich angefangen. Mit zwölf hab ich eigentlich regelmäßig geraucht."

A. machte keine Angaben darüber ob er Drogen konsumierte, aus der Akte war dem Protokoll des Zugangsgesprächs zu entnehmen, dass er gelegentlich Cannabis und Marihuana rauchte. H. berichtete, dass er Drogen schon immer ablehnte. R. hat über den Konsum hinaus in der Schule mit Drogen gehandelt.

3.2.1.5 „ein bisschen Spaß in die Klasse gebracht"

Als Klassenclown haben sich zwei Jugendliche beschrieben. Ziel des Verhaltens des Klassenclowns ist es, die Klasse zum Lachen zu bringen. Dazu werden Mittel eingesetzt, die häufig den Unterricht stören (vgl. Apel/Bittner, 1992, S. 557). Bei R. sind diese Auffälligkeiten in Zusammenhang mit seiner ADHS-Symptomatik zu sehen.

S: „Tja so, ich hab immer so bisschen, so dieser normale Schulalltag, sechs Stunden da sitzen Unterricht machen, das fällt mir schwer so ruhig zu sitzen den ganzen Tag, ich muss immer was machen."
I: „Und was haste dann gemacht?"
S: „Tja so, ein bisschen Spaß in die Klasse gebracht, so. Ich weiß es nicht. Ein bisschen Stimmung aufgelockert, so. Mir war das zu langweilig, so sechs Stunden da sitzen akkurat alles, jeder macht dasselbe, das kann ich nicht so was."

R: „(…) Ja ich hab die andern halt immer, Klassenclown, dann hab ich die andern immer so, die ganz unten in der Liste standen, immer eigentlich immer gepiesackt und so. Immer drauf, immer drauf."

Während S. nur Verhaltensweisen beschrieb, bei denen der Spaß und die Auflockerung der Atmosphäre im Mittelpunkt standen, gehörten für R. auch Verhaltensweisen zum Klassenclown, die die Mitschülerinnen und Mitschüler ärgern sollten.

Beide Jugendlichen gaben Gründe für die Einnahme der Rolle des Klassenclowns an: S. beschrieb, dass es ihm sehr schwer fiel, die recht eintönigen Schultage durchzuhalten und dass ihn die erwarteten Verhaltensstandards überfordert haben. Sein Ziel war es, den Schulalltag aufzulockern und sich selbst abzulenken.

Für R. war es wichtig, das Ansehen seiner Mitschülerinnen und Mitschüler zu genießen, was er durch die Übernahme der Rolle des Klassenclowns erreichte.

3.2.2 Schulversagen

Alle Jugendlichen haben Formen von Schulversagen erlebt. Die Jugendlichen berichteten von Jahrgangswiederholungen, Abschulungen und dem Nichterreichen eines Schulabschlusszeugnisses.

> I: „OK. Hast du irgendwelche Jahre wiederholt?"
> M: „Ehm, ja die Sechs."

> I: „Aber in der dritten Klasse, hast du gesagt, hast du schon Probleme gehabt."
> A: „Ja, in der dritten Klasse bin ich sitzen geblieben, also dritte auf vierte Klasse. Das weiß ich noch."

> St: „(…) Also ich bin dann wieder in ne Realschule gekommen. Bin aber durch diesen Rauswurf und weil ich ne Zeit lang keine Schule gefunden hatte und den Stoff verpasst hatte, in der Siebten sitzen geblieben Und hab da dann nur noch geschwänzt ein halbes Jahr lang und hab wieder mal nix auf die Reihe bekommen, bin wieder sitzen geblieben (…)"

> S: „Ne. Die neunte Klasse musst ich wiederholen, aber das war, weil ich ein Unfall gebaut hatte. Da war ich lang nicht in der Schule."
> I: „OK. Du hattest einfach zu viel Fehlzeit."
> S: „ Ja da war diese, das ganze Zeugnis war nicht feststellbar. (…)"

> R: „ Ja fünfte Klasse war dann, da hab ich da angefangen, also das war in F., da bin ich halt in andere Schulen gekommen dann war ich irgendwann in H. auf der F.-J.-L.-Schule und da hab ich zwei Mal die fünfte Klasse wiederholt und dann sechste, siebte, achte, neunte."

Fünf der Jugendlichen mussten einen Jahrgang wiederholen. St. und R. wiederholten jeweils einen Jahrgang zwei Mal. Von Abschulungen berichteten St., R. und H., also die Hälfte der Jugendlichen.

> St: „(…)Und hab da dann nur noch geschwänzt ein halbes Jahr lang und hab wieder mal nix auf die Reihe bekommen, bin wieder sitzen geblieben und musste dann auf die Real-, Hauptschule wechseln."

> R: „Aber dann haben die mich auf so ne Sonderschule geschickt. Da wollt ich net hin."

> H: „(…) und dann bin ich da weg geflogen und hab auch noch Hausverbot und alles Mögliche gekriegt. Und dann kam ich auf die Sonderschule, obwohl, nicht wegen den Leistungen, sondern wegen meinem Verhalten."

R. und H. haben auf die Abschulung auf eine Förderschule mit Schulverweigerung reagiert, indem sie dauerhaft die Schule schwänzten.

In den folgenden Aussagen wird deutlich, dass keiner der Jugendlichen einen Schulabschluss erreichte Sie haben somit alle das Vollziel der Schule verfehlt.

M: „Dann hab ich ein Jahr lang Schulebesuch gehabt, hat mich keine Schule aufgenommen und war ich in S.. (…)"
I: „In welcher Klasse...? Mit welcher Klasse hast du aufgehört?"
M: „Mit der achten."

A: „(…)Und da hab ich die Schule komplett geworfen. Hab ich dann (-) so:: (-) ehm (-) kurz vor neunte Klasse hab ich komplett die Schule abgebrochen."

I: „Wie war die Neunte so?"
St: „Ich bin nur eine Woche hingegangen."
I: „Die erste Woche?"
St: „Die erste Woche bin ich hingegangen und danach hab ich geschwänzt, (…)"

I: „Mit welcher Klasse hast du aufgehört? Mit der neun."
S: „Ja, ich bin dann, hab dann auf ne andere Schule gewechselt und da hats dann, dann bin ich in Haft gekommen. Konnt ich nicht fertig machen."

R: „(…) Ja und dann kam ich da an die Schule und da hatt ich halt zwoer, dreier Durchschnitt, eigentlich gut. Ja und kurz vor dem Abschluss haben se mich rausgeschmissen aus dem Heim und dann musst ich halt andere Schule gehen. (…)"
I: „OK und wie ist das dann gewesen mit nem Abschluss?"
R: „Hab ich keinen gemacht."
I: „Hast nicht probiert? Oder haben die dich vorher von der Schule..."
R: „Ja, die haben mich in ne Hauptschulklasse gesteckt. Aber ich hab gesagt ‚das will ich nicht, ich hab keine Lust mehr, das ist vorbei. Ich habs ein Mal probiert, jetzt hab ich keine Lust mehr‘."
I: „Also bist du von der Schule freiwillig abgegangen?"
R: „Ja."

I: „Also in die neunte Klasse bist du nie gekommen, ne? Da warste dann schon hier?"
H: „Mm."

Alle Jugendlichen sehen die Gründe für das Vollzielschulversagen in ihrem Verhalten. Sie alle nannten ausschließlich Symptome von Verhaltensstörungen als Ursachen für das Nichterreichen ihres Abschlusses. Es wurden die Faktoren Gewalt, Spielsucht und Interesselosigkeit genannt. Bei drei Jugendlichen wurde die Schullaufbahn durch die Inhaftierung beendet, also durch die Folgen ihrer Straftaten.

Es ist unwahrscheinlich, dass die Verhaltensstörungen der befragten Jugendlichen aus Versagenserlebnissen in der Schule resultierten, da alle sechs von zunächst guten oder befriedigenden Leistungen berichteten. Bei einigen hielten die guten Leistungen auch in der Sekundarstufe I an. Keiner der Jugendlichen berichtete von schlechten Schulleistungen als Grund für sein auffälliges Verhalten. Es ist aber davon auszugehen, dass die eintretenden Versagenserlebnisse und die damit verbundenen Maßnahmen die Verhaltensstörungen in einer Wechselwirkung verstärkten.

4 Schulversagen und Verhaltensstörungen

Wie im theoretischen Teil dieses Beitrags aufgezeigt wurde, können schulische Versagenserlebnisse ebenso Folge wie auch Ursache und Verstärker von Verhaltensstörungen und Symptomen von Verhaltensstörungen sein. Im Fall der jungen Strafgefangenen dieser Stichprobe konnte in allen Fällen das Entstehen des Schulversagens als Folge von Symptomen von Verhaltensstörungen festgestellt werden. In der Untersuchung wurde das häufige gemeinsame Auftreten von Schulversagen, Verhaltensstörungen und Kriminalität bestätigt, da alle befragten Jugendlichen als administrative Schulversager und Vollzielschulversager zu sehen sind und Symptome von Verhaltensstörungen in ihren Ausführungen beschrieben.

> I: „OK. Ehm. Gut. Wenn ich dich jetzt einfach so am Anfang gefragt hätte: ‚Warum hat das mit dem Abschluss nicht geklappt draußen?' Was hättest du mir gesagt?"
> M: „Wegen meinem Verhalten. Ja."

Wie dieses Zitat verdeutlicht, bestätigen die Ergebnisse die enorme Bedeutung von Verhaltensstörungen und Symptomen von Verhaltensstörungen für das Versagen in der Schule. Bei allen Jugendlichen liegen die primären Gründe für ihr Schulversagen im Verhalten. Kein Jugendlicher berichtet davon, dass er den Lernstoff nicht bewältigen konnte. Schlechte Schulleistungen werden immer mit Symptomen von Verhaltensstörungen wie Schuleschwänzen, Drogenkonsum oder Aufmerksamkeitsdefiziten in Verbindung gebracht. Die Biografien der jungen Strafgefangenen dieser Stichprobe sind charakterisiert durch schulische Versagenserlebnisse, Verhaltensstörungen und schließlich Kriminalität, die ihre Schullaufbahn prägten und sich in einer Wechselbeziehung verstärkten.

5 Schlussbemerkung

Das Wissen um die Zusammenhänge von Schulversagen und Symptomen von Verhaltensstörungen begründet die hohe Relevanz der Prävention und Intervention von Verhaltensstörungen und Schulversagen. Nur wenn adäquat mit Verhaltensstörungen umgegangen wird und Kindern und Jugendlichen in der Schule Erfolgserlebnisse ermöglicht werden, ist es möglich, eine Verstärkung der Symptomatik der Verhaltensproblematik und des schulischen Misserfolgs und schließlich eine eventuelle Entwicklung hin zu Kriminalität zu verhindern.

Literatur

Apel, Hans Jürgen; Bittner, Stefan (1992): Zwischenrufer – Gefallsüchtige – Schüchterne – Klassenkasper..., In: Pädagogische Welt 46, 12, S. 556-561.

Braun-Scharm, Hellmuth (1998): Erziehungsschwierigkeiten im Unterricht aus Kinder- und Jugendpsychiatrischer Sicht. In: Seibert, Norbert (Hrsg.): Erziehungsschwierigkeiten in Schule und Unterricht. Bad Heilbrunn: Verlag Julius Klinkhardt, S. 71-83.

Brunen, Detlef (2002): Jugendkriminalität – ein Spiegel sozialer Ungleichheit!? In: Mägdefrau, Jutta; Schumacher, Eva (Hrsg.): Pädagogik und soziale Ungleichheit. Aktuelle Beiträge – Neue Herausforderungen. Bad Heilbrunn: Verlag Julius Klinkhardt, S. 59 – 87.

Brusten, Manfred; Hurrelmann, Klaus (1973): Abweichendes Verhalten in der Schule. Eine Untersuchung zu Prozessen der Stigmatisierung. München: Juventa Verlag.

Danzinger, Rainer; Jeschek, Peter; Egger, Josef (1977): Der Weg ins Gefängnis. Der Einfluss von familiärer Sozialisation und behördlicher Selektion auf die Entstehung von Straffälligkeit. Eine empirische Untersuchung. Weinheim, Basel: Beltz Verlag.

Hildeschmidt, Anne (1988): Schulversagen aus (entwicklungs-) psychologischer Sicht. In: Vierteljahresschrift für Heilpädagogik und ihre Nachbargebiete, 57 Heft 4, S. 342-351.

Hildeschmidt, Anne: Schulversagen (1998). In: Oerter, Ralf; Montada, Leo (Hrsg.): Entwicklungspsychologie. Ein Lehrbuch. 4. Auflage Weinheim: Psychologie Verlags Union, S. 990-1005.

Hillenbrand, Clemens (2006): Einführung in die Pädagogik bei Verhaltensstörungen. München: Ernst Reinhardt Verlag.

Hillenbrand, Clemens (1996): Deskription und Programm – Zur Problematik des Begriffs „Verhaltensstörung". In: Sonderpädagogik 26, Heft 4, S. 194-207.

Höhn, Elfriede (1980): Der schlechte Schüler. Sozialpsychologische Untersuchungen über das Bild des Schulversagers. München: R. Piper & Co. Verlag.

Hurrelmann, Klaus (1980): Schulversagen und Orientierungskrise. In: Betrifft: Erziehung, 13, Heft 4, S. 28-31.

Hurrelmann, Klaus (2007): Lebensphase Jugend. Eine Einführung in die sozialwissenschaftliche Jugendforschung. Weinheim und München: Juventa Verlag.

Hügli, Anton (2005): Was verstehen wir unter Gewalt? Begriffe und Erscheinungsformen der Gewalt. In: Küchenhoff, Joachim; Hügli, Anton; Mäder, Ueli (Hrsg.): Gewalt. Ursachen, Formen, Prävention, Gießen: Psychosozial-Verlag, S. 19-41.

Kluge, K.-J (1975).: Sie prügeln sich und leisten wenig. Verhaltensauffällige in Grund- und Hauptschulen. Eine Chance für gute Lehrer. Neuburgweier: G. Schindele Verlag GmbH.

Mohler, Beate (2006): Störungen des Sozialverhaltens. In: Steinhausen, Hans-Christoph (Hrsg.): Schule und psychische Störungen. Stuttgart: W. Kohlhammer GmbH, S. 236 – 248.

Mutzeck, Wolfgang (2000): Verhaltensgestörtenpädagogik und Erziehungshilfe. Bad Heilbrunn: Verlag Julius Klinkhardt.

Myschker, Norbert (2005): Verhaltensstörungen bei Kindern und Jugendlichen. Erscheinungsformen – Ursachen – Hilfreiche Maßnahmen. 5. Auflage Stattgart: W. Kohlhammer GmbH.

Oberwittler, Dietrich (2010): Jugendkriminalität in sozialen Kontexten – Zur Rolle von Wohngebieten und Schulen bei der Verstärkung von abweichendem Verhalten. In. Dollinger, Bernd; Schmidt-Semisch, Henning: Handbuch Jugendkriminalität. Kriminologie und Sozialpädagogik im Dialog, Wiesbaden: VS Verlag für Sozialwissenschaften, S. 213 – 224.

Pinkert, Egon (1972): Schulversagen und Verhaltensstörungen in der Leistungsgesellschaft. Neuwied: Leuchterhand.

Quaschner, K.; Theisen, F. M.(2005): Hyperkinetsiche Störungen. In: Remschmidt, Helmut: Kinder- und Jugendpsychiatrie. Eine praktische Einführung. Stuttgart: Georg Thieme Verlag 2005, S. 156-164.

Reinders, Heinz: Qualitative Interviews mit Jugendlichen führen. Ein Leitfaden. München und Wien: R. Oldenbourg Verlag.

Reinheckel, Susann (2006): Ich bin ein Schulabbrecher – Schulbiographien jugendlicher Strafgefangener. In: Von Stechow, Elisabeth; Hofmann, Christiane (Hrsg.): Sonderpädagogik und PISA. Kritisch-konstruktive Beiträge, Bad Heilbrunn/Obb: Julius Klinkhardt Verlag, S. 185-197.

Schlee, Jörg (1989): Zur Problematik der Terminologie in der Pädagogik bei Verhaltensstörungen. In: Goetze, Herbert; Neukäter, Heinz (Hrsg.): Pädagogik bei Verhaltensstörungen. Handbuch der Sonderpädagogik, Band 6. Berlin: Verlag Volker Spiess GmbH, S. 36 – 49.

Stechow, Elisabeth v. (2004): Erziehung zur Normalität. Eine Geschichte der Ordnung und Normalisierung der Kindheit. Wiesbaden: VS Verlag für Sozialwissenschaften/ GWV Fachverlage GmbH.

Thimm, Karlheinz; Ricking, Heinrich (2004): Begriffe und Wiirkungsräume. In: Herz, Birgit; Puhr, Kirtsen; Ricking, Heinrich (Hrsg): Problem Schulabsentismus. Bad Heilbrunn/Obb: Julius Klinkhardt Verlag, S. 45-51.

Tupaika, Jaqueline (2003): Schulversagen als komplexes Phänomen. Ein Beitrag zur Theorieentwicklung. Bad Heilbraunn/Obb: Julius Klinkhardt Verlag.

Vernooij, Monika A. (2007): Einführung in die Heil- und Sonderpädagogik. Theoretische und praktische Grundlagen der Arbeit mit beeinträchtigten Menschen. 8. Auflage Wiebelsheim: Quelle & Meyer Verlag.

Ziehlke, Brigitte (1993): Deviante Jugendliche. Individualisierung, Geschlecht und soziale Kontrolle. Hemsbach: Leske und Budrich, Opladen.

Kriminelle Jugendliche mit (Spät-)Aussiedlerhintergrund

Margarete Bergen und Marianne Tefke

1 Einleitung

Seit 1949 sind zwei große Einwanderungsgruppen nach Deutschland eingereist: Ausländer, die im Zuge der sogenannten Gastarbeit kamen und Deutschstämmige aus der ehemaligen Sowjetunion und den osteuropäischen Ländern, die infolge der Rückführung ins Heimatland umsiedelten – die sogenannten Aussiedler[1].

Die Herstellung einer Rechtssicherheit für alle Aussiedler erfolgt im Rahmen des Grundgesetzes (Artikel 116 GG), durch das die deutsche Staatsangehörigkeit festgelegt ist. Demnach ist ein deutscher Volkszugehöriger kraft des Gesetzes, *„wer sich in seiner Heimat zum deutschen Volkstum bekannt hat, sofern dieses Bekenntnis durch bestimmte Merkmale wie Abstammung, Sprache, Erziehung, Kultur bestätigt wird"* (§6 Abs. 1 BVFG).

Folglich sind Aussiedler aus rechtlicher Sicht Deutsche und haben besseren Zugang zu gesellschaftlichen, politischen und sozialen Prozessen, weshalb sie im Gegensatz zu anderen Migranten eine privilegierte Stellung genießen und als *„Migrationsgewinner"* wahrgenommen werden. Allerdings stellen mehrere Studien fest, dass die sogenannte Sonderstellung ein Trugschluss ist, da sie nicht ausreicht, um sich problemlos in die bundesdeutsche Gesellschaft zu integrieren und von ihr aufgenommen zu werden. Sie haben mit gleichen Belastungen wie andere Zuwanderer, die in der Bundesrepublik Fuß fassen möchten, zu kämpfen.

Seit den 90er Jahren berichten sowohl die Medien als auch die Forschung, die sich mit Migration und Kriminalität beschäftigen, von enormen Integrationsschwierigkeiten und delinquenten Verhalten der jungen Aussiedler. Dies hat zur Folge, dass die Kriminalitätsbelastung dieser Migrantengruppe seit Ende der 90er Jahre anhand von Hell- und Dunkelfeldstudien beleuchtet wird. Die Hellfeldstudien kommen zu dem Ergebnis, dass die Zahl der Verdächtigten mit Aussiedlerhintergrund überproportional hoch ist (vgl. Bals/Bannenberg 2007; LKA NI 2007; Luff 2000; Pfeiffer u.a. 2004; PKS NRW 2004). Die Dunkelfeldstudien belegen, dass die jungen Aussiedler zwar öfters delinquent sind, jedoch Einheimische in ähnlichen sozialen Situationen ebenso delinquentes Verhalten vorweisen. Zudem ergeben

---

[1] Das Bundesvertriebenengesetz (BVFG) von 1953 und die Neufassung im Kriegsfolgenbereinigungsgesetz von 1993 fasst unter dem Begriff Aussiedler eine Personengruppe zusammen, welche nach Abschluss der allgemeinen Vertreibungsmaßnahmen vor dem 01.07.1990 oder danach im Wege des Aufnahmeverfahrens bis zum 31.12.1992 ihren Wohnsitz in den ehemaligen Ostgebieten verlassen haben (§1 Abs. 2 Nr. 3 BVFG). Deutschstämmigen, die vor dem 01.07.1990 eingewandert sind, wurden als *„Vertriebene"* und die nach dem 31.12.1992 Zugewanderte als *„Spätaussiedler"* bezeichnet. Näheres zur rechtlichen Bestimmung siehe § 4 Abs. 1 BVFG und Ingenhorst 1997, 102f.

sie, dass die Anzahl der Risikofaktoren bei jungen Aussiedlern überproportional hoch ist (vgl. Baier/Pfeiffer 2007; Strobl/Kühnel 2000).

Obwohl sich die Wissenschaft mit der Delinquenz der jungen Aussiedler inzwischen seit zwanzig Jahren beschäftigt, ist der Forschungsstand im Fachbereich der Pädagogik bei Verhaltensstörungen noch weitgehend vernachlässigt. Im Vergleich zur Migrationsforschung existieren kaum eigenständige Beiträge über Verhaltensstörungen bei Aussiedlern.

Um dem weitgehend unerforschten jedoch gesellschaftlich relevanten Thema gerecht zu werden, beleuchtet dieser Aufsatz im Folgenden die Lebensumstände der jungen Aussiedler und analysiert das delinquente Verhalten anhand von Kriminalitätstheorien. Die differenzierte Betrachtung der historischen[2] und gegenwärtigen wie auch der politischen und sozialen Dimensionen der Aussiedlerthematik bietet neben der Aufklärung über diese Migrantengruppe insbesondere die Möglichkeit Präventionsmaßnahmen für das delinquente Verhalten von jungen Aussiedler zu entwickeln.

2   Risikofaktoren und ihre Auswirkung

Benachteiligungen in sozioökonomischer und soziokultureller Hinsicht sind im Migrationskontext bedeutende Risikofaktoren, mit denen die jungen Aussiedler tagtäglich konfrontiert sind. Daher werden diese im Folgenden näher beleuchtet.

2.1 Sozioökonomische Risikofaktoren

Die Wohnsituation der Jugendlichen in ihren Herkunftsländern unterscheidet sich deutlich von der in der Bundesrepublik. Ein Großteil der Aussiedler verfügte über ein eigenes Haus oder eine Eigentumswohnung (vgl. Fuchs u.a. 1999, S. 70f). Nach der Ankunft in Deutschland müssen sie mehrere Umsiedlungen und enge Wohnverhältnisse in Kauf nehmen. In Erstaufnahmeeinrichtungen wohnen die jungen Aussiedler zunächst mit mehreren Familien in einem Zimmer, bevor sie in verschiedene Bundesländer zugeteilt werden (vgl. Heinen 2000, S. 39, Kosubek 1998, S. 43).

Aufgrund der großen Welle der Ausreisenden in den 90er Jahren waren sowohl die Übergangswohnheime überfüllt als auch die Wartezeiten für eine Wohnung erhöht. 76 Prozent der Aussiedler verbrachten vier Jahre in Übergangswohnheimen, mit Anspruch auf 4,5 Quadratmeter pro Person, bis sie eine Mietwohnung gefunden hatten (vgl. Fuchs u.a. 1999, S. 94 ff, Strobl/Kühnel 2000, S. 107). Nach dem Abzug von Stationierungsstreitkräften wurde Ende der 80er Jahre Wohnraum frei. In diesen Siedlungsgebieten entstanden

---

[2]Um einen umfassenden Blick über die spezielle Problematik der jungen Aussiedler zu erlangen ist ein geschichtlicher Rückblick unumgänglich. Aufgrund des begrenzten Rahmens dieses Artikels kann jedoch nicht näher auf den historischen Kontext der Aussiedler eingegangen werden. An dieser Stelle sei lediglich erwähnt, dass die Aussiedler an ihrer Geschichte festhalten, die von Generation zu Generation weitergegeben wird und somit nach wie vor präsent ist. So kann eine Identitätsfindungsproblematik und die daraus resultierenden Verhaltensauffälligkeiten aus dem geschichtlichen Kontext abgeleitet werden. Genaueres zum historischen Kontext, der Ausreisemotivation und den Auswirkungen des großen Zustroms der Aussiedler siehe u.a. Ingenhorst 1997, Vogelsang 2008.

Sozialwohnungen, die an die Aussiedler vermietet wurden. Als Folge siedelten sich in diesen Ortsteilen kaum Einheimische an, was zur sozialen Isolation und einer Herausbildung von Ghettos führte (vgl. Linde 2007, S. 27).

Die Reduzierung der sprachlichen Defizite sowie die berufliche Orientierung sind weitere grundlegende Faktoren, die zur erfolgreichen Integration der Aussiedler in Deutschland beitragen (vgl. Strobl/Kühnel 2000, S. 34). Bei der jüngeren Generation (nach 1955 geboren) erweist sich die deutsche Sprache jedoch als Fremdsprache (vgl. Süss 2005a, S. 3). Dennoch wird von ihr verlangt, dass sie als deutsche Staatsbürger die deutsche Sprache beherrschen und gebrauchen. Der Gebrauch der Muttersprache wird von der einheimischen Bevölkerung als mangelnde Motivation an der Integration in die deutsche Gesellschaft gesehen (vgl. Bliesener 2007, S. 76f).

Um den Sprachdefiziten entgegen zu wirken und somit die Chance auf dem Arbeitsmarkt zu erhöhen, wurden Sprachkurse und später Sprachtests eingeführt. Doch der Erwerb der deutschen Sprache schützte die Aussiedler nicht vor dem beruflichen Abstieg oder Erwerbslosigkeit der Aussiedler (vgl. Strobl/Kühnel 2000, S. 17). Die Unterforderung ist für die Eingereisten im Hinblick auf die Berufssituation enttäuschend. Auch die junge Generation der Aussiedler hatte angesichts der gestiegenen Jugendarbeitslosigkeit vergleichsweise zu einheimischen Jugendlichen geringere Möglichkeiten, einen Ausbildungsplatz zu erlangen (vgl. bpb 2000, S. 46). Laut den Studien von Strobl und Kühnel (2000) und Pfeiffer u.a. (2005) sind Aussiedlerfamilien im Vergleich zu Einheimischen und „Ausländern" im „verstärkte(n) Maße von Armut betroffen". Folglich entstehen vor allem bei den Heranwachsenden enorme Integrationsprobleme, die mit Verhaltensstörungen einhergehen können (vgl. Kosubek 1998, S. 34).

2.2 Soziokulturelle Risikofaktoren

Obgleich sich die Aussiedler im Rahmen ihrer Möglichkeiten ihre deutsche Identität bewahrt haben, bestehen gegenwärtig zwischen ihnen und der autochthonen Bevölkerung soziokulturelle Unterschiede (vgl. Scheib 1980, S. 183). Im Gegensatz zu deutschen Durchschnittsfamilien setzt sich die Kernfamilie überwiegend durch ein Dreigenerationsgefüge zusammen, ihre Erziehungsmethoden sind weitgehend kollektivistisch geprägt und familiale Leitvorstellungen von der Kindererziehung bilden Verhaltensweisen wie Gehorsam und Respekt vor der Autorität. Dabei ist der Gebrauch von körperlichen Züchtigungsmitteln zur Durchsetzung ihrer Erziehungsnormen keine Seltenheit (vgl. Linde 2007, S. 28f). Die auf Selbstbestimmung, Autonomie und Selbstverwirklichung basierende Erziehungshaltung der bundesdeutschen Gesellschaft stößt zunächst weitgehend auf Überforderung und Verunsicherung der zugereisten Generationen (vgl. Klement 2006, S. 51).

Die jungen Aussiedler befinden sich in der Zeit der Umsiedlung in der Adoleszenz, die laut Erikson durch Identitätskrisen gekennzeichnet ist. Diese Phase dient der Entwicklung eines Wertesystems um eine eigene Identität herauszubilden (vgl. Berk 2005, S. 572). Die Identitätsfindung wird durch das divergente Gesellschaftssystem in Deutschland erschwert. Die Jugendlichen werden mit individualistischen Werten des Einwanderungslandes und den gegensätzlichen Werten der früheren Heimat konfrontiert und stehen somit zwischen zwei Wertesystemen (vgl. Eyselein 2006, S. 252f). Im Rahmen der Identitätskrise treten bei Jugendlichen zwangsläufig Autoritätskrisen auf (vgl. Berk 2005, S. 532). Die jungen Aussiedler adaptieren schnell westliche Leitvorstellungen, pluralistische Normorientierungen und übernehmen die Vorstellungen individualistischer Lebensführung der bundesdeutschen Gesellschaft, sodass es durch den Umwertungsprozess häufig zu verstärkten Generationskonflikten kommt (vgl. Meister/Sander 1996, S. 116f).

Zugunsten der positiven Entwicklung und Integration der Kinder versuchen die Aussiedlereltern ihre Erziehungshaltung zu überarbeiten. Dabei pendeln sie stets zwischen einem strengen, autoritären und einem wenig kontrollierenden, demokratischen Erziehungsstil. Dies kann zum Ohnmachtsgefühl der Eltern führen, das sich in Resignation und einem *„laissez faire"* Erziehungsstil äußert (vgl. Schmidt-Bernhardt 2008, S. 96f).

Die neugewonnene Freiheit der Jugendlichen erleichtert allerdings nicht die Verarbeitung der Identitätsdiffusion mit der neuen Umgebung (vgl. Masumbuku 1995, S. 128f). Schließlich geht die Freiheit mit dem Gefühl einher, nicht auf das Altbewährte zurückgreifen zu können und auf sich selbst gestellt zu sein. Die jungen Aussiedler müssen in größerem Maße Verantwortung für ihr eigenes Leben übernehmen, da ihre Eltern häufig selbst überfordert sind und ihren Kindern keine Orientierung geben können (vgl. Meister/Sander 1996, S. 117). Diese Grenzsituation und das *„Wechseln zwischen den Wertesystemen"* animiert sie zu einem *„Doppelleben"*, sowohl den Eltern als auch der deutschen Gesellschaft zu entsprechen, welches die Jugendlichen in der Entwicklung ihrer eigenen Identität stark beeinträchtigt (ebd., S. 252f).

In der ursachenbezogenen Betrachtung spielt neben der Persönlichkeitsentwicklung ebenso die Sozialisation im soziokulturellen Umfeld eine wichtige Rolle. Nach der Umsiedlung knüpfen Aussiedlerjugendliche sehr langsam neue soziale Kontakte. Einerseits wird Bindung zu den Eltern in der ersten Zeit verstärkt, da sie ihre erworbenen Handlungsfähigkeiten in Deutschland nicht einsetzen können und Orientierungsprobleme und Unsicherheiten dominieren (vgl. bpb 2000, S. 45). Andererseits lösen sich die Jugendlichen in der Phase der Adoleszenz gewöhnlich vom Elternhaus, um sich vermehrt an peer-groups zu orientieren. Allerdings äußern sich die negativen Zuschreibungen der einheimischen Gesellschaft und die geringen Deutschkenntnisse in der Schwierigkeit, sich in einer autochthonen peer-group zu integrieren. Zudem trauern sie in der Anfangsphase um den Verlust ihrer sozialen Beziehungen aus den Herkunftsländern und bauen parallel infolge der ablehnenden Haltung von den Bundesbürgern eine innere Barriere auf, die sie erst im Laufe der Zeit abbauen können (vgl. Süss 2005a, S. 2ff).

Die Kontaktaufnahme mit Einheimischen wird weiterhin durch divergierende Freizeitkulturen erschwert. Während die einheimischen Jugendlichen ihre Freizeit vermehrt planen und häufig individuelle Freiheiten bevorzugen, gestaltet sich die Freizeit der Aussiedlerjugendlichen weitgehend durch spontane Treffen mit Freunden (vgl. Dietrich/Selke 2007, S. 136). Zudem kann sich ein Großteil der Aussiedler Freizeitaktivitäten wie Kinobesuche, Vereine für sportliche Aktivitäten oder Reisen nicht leisten. Dieses Freizeitverhalten ist jedoch nicht nur auf die finanzielle Lange, sondern auch auf den Alltag in ihren Herkunftsländern zurückzuführen. Die institutionalisierte Erziehung erfolgte stets in kindgerechten

Lebensräumen, sodass die Eltern ruhigen Gewissens ihren beruflichen Aktivitäten nachgehen konnten. Demgegenüber sind die Eltern in Deutschland vermehrt mit der Aufgabe konfrontiert, die Zeit ihrer Kinder zu planen, sich zu informieren, zu vergleichen und abzuwägen (vgl. Schmidt-Bernhardt 2008, S. 98). Folglich halten sich die jungen Aussiedler überwiegend auf Straßen, öffentlichen Plätzen oder Höfen auf. In der eigenen Gleichaltrigengruppe fühlen sie sich akzeptiert, sicher und geborgen. Die Gruppe hilft ihnen, die ersten Schwierigkeiten zu bewältigen (vgl. Kerner u. a. 2001, S. 378). Die homogenen Gruppenbildungen erwecken den Anschein einer ,*ethnische(r) Selbstgenügsamkeit'* (Kerner u.a. 2001, S. 377) und werden als Desinteresse an der Kontaktaufnahme interpretiert. Die wahrgenommene Ablehnung beiderseits verhindert wiederum die Kontaktaufnahme und erschwert die Identifikationsfindung bei jugendlichen Aussiedlern, die in ihren Herkunftsländern als fremde Deutsche wahrgenommen und in der Bundesrepublik zu fremden Russen werden.

Infolge der stärker empfundenen Andersartigkeit stellt sich ihnen zunehmend die Frage nach ihrer ethnischen Zugehörigkeit (vgl. Selensky 2004, S. 30). Ihre deutsche Zugehörigkeit wird von der einheimischen Bevölkerung mehrfach in Frage gestellt, sodass sich die jungen Aussiedler verstärkt in einem Identitätskonflikt befinden und verunsichert sind, welcher Nationalität sie angehören (vgl. Süss 2005a, S. 3). Die Antwort auf die Frage „*Wer bin ich?"* kann erst getroffen werden, wenn das Individuum die Anerkennung und die Identifizierung durch die soziale Gesellschaft, in der es sozialisiert wird, erhält (vgl. Masumbuku 1995, S. 128). Nach Feld u. a. (2005, S. 1f.) bilden diese Jugendlichen häufig eine „*mehrkulturelle Identität"* aus, die mit besonderen Belastungen einher geht. Es entwickeln sich Identitätskonflikte, die sich in diversen Verhaltensstörungen[3] manifestieren können.

Auch hinsichtlich der schulischen Struktur sind Konflikte zu erwarten. Die jungen Aussiedler müssen sich mit neuen Bildungsinhalten, einem anders strukturierten Schulsystem, Verhaltensnormen und Unterrichtsstilen vertraut machen (vgl. Dietrich/Selke 2007, S. 13). Für das schulische Lernen bringen sie andere Voraussetzungen mit, da sie an Frontalunterricht, reproduktive Lernformen, autoritäres Lehrpersonal und disziplinierten Schulalltag gewöhnt sind (vgl. Kleespies 2006, S. 59f). Auch die Erziehungsziele wie Kollektivgeist, Disziplin und Ordnung wirken sich auf das Lern- und Schulverhalten aus.

In der Bundesrepublik werden sie jedoch mit einer Lernkultur konfrontiert, in der soziales und kommunikatives Lernen, Leistungswille und Eigenverantwortung in den Vordergrund gestellt werden (vgl. Dolde 2002, S. 148). Sie genügen häufig nicht den an sie gestellten Anforderungen einen eigenen Standpunkt zu beziehen und stehen folglich unter einem erhöhten Druck sich stets zu beweisen. Die Überforderung führt häufig zu einer Verfestigung ihrer Resignation und allgemeinem Rückzug innerhalb des Unterrichts (vgl. Süss 2005a, S. 5). Diese Teilnahmslosigkeit am Unterricht wird als Ablehnung oder Interessenlosigkeit gedeutet und als unscheinbar oder auch als störend und provokativ empfunden (vgl. Kleespies 2006, S. 61). Zudem nehmen die Lehrkräfte im deutschen Schulsystem eine geringere Autoritätsrolle ein. Durch unklare Anweisungen der Lehrer entsteht seitens

---

[3] Mit der Identitätskrise gehen häufig Verhaltensstörungen wie etwa kriminelles Verhalten, Suchtmittel- und Alkoholmissbrauch, depressive Verstimmungen und Zukunftsängste einher (vgl. Kornischka u.a. 2008).

der jungen Aussiedler häufig der Anschein, dass die Lehrer in Deutschland durchsetzungs-schwach und an deutschen Schulen alles erlaubt sei (vgl. Vogelgesang 2008, S. 76).

Verschiedene Aspekte begünstigen eine Bildungsbenachteiligung junger Aussiedler. Laut Dietz (1999, S. 163) ist in vielen Fällen die Zuweisung in eine altersgerechte Klasse in der Regelschule aufgrund von mangelnden Deutschkenntnissen nicht möglich, sodass ein Großteil der jungen Aussiedler im deutschen Schulsystem für ein bis zwei Jahre rückver-setzt wird, obwohl es im Erlass des Kultusministerium von 1993 heißt, dass *„(e)ine Zu-rückstellung lediglich wegen nicht ausreichender deutscher Sprachkenntnisse"* (Erl. d. MK v. 1993, S. 27, zit. i. Bahlmann 2000, S. 84) nicht gestattet ist. Dies hat zur Folge, dass sie einen deutlichen Altersunterschied zu ihren Klassenkameraden aufweisen und sich das Gefühl der Demütigung und der Benachteiligung verstärkt, welche mit einem demotivie-renden Lernverhalten einhergehen kann (vgl. Bliesener 2007, S. 77).

Um die jungen Aussiedler auf eine Regelschule vorzubereiten, sollen sie Auffang- und Förderklassen besuchen (vgl. Dietz/Roll 1998, S. 65). Zudem werden an Grund- und Hauptschulen für junge Aussiedler sprachliche Fördermaßnahmen eingerichtet, allerdings an höher qualifizierenden Schularten ausgeschlossen (vgl. Dietz/Roll 2003, S. 15). Weitere Maßnahmen zur Förderung der Schülerinnen und Schüler wie außerschulischer Förderun-terricht, Tagesinternate und Förderschulinternate wurden eingerichtet, jedoch aufgrund der Kürzung der Garantiefondsmittel reduziert oder komplett gestrichen (vgl. Dietz 1997, S. 59 f).

Ferner existieren weitere schulsysteminterne Maßnahmen, die sich negativ auf die Bil-dungschancen der jungen Aussiedler auswirken. Aussiedlerjugendliche, werden je nach Empfehlung und Zuweisung des Lehrers, welche häufig nicht den Qualifikationen, sondern den sprachlichen Kenntnissen des Schülers entspricht, einer niedrig qualifizierenden Schule zugewiesen (vgl. Vogelgesang 2008, S. 74f). Unter dem Vorbehalt, dass keine exakte Aus-kunft möglich ist, kommt Vogelgesang in seiner Untersuchung der Bildungsverteilung zu dem Ergebnis, dass einheimische Jugendliche vergleichsweise eher das Gymnasium und die Realschule und ein höherer Anteil der Aussiedlerjugendlichen die Hauptschule besu-chen (vgl. ebd., S. 72; ähnlich auch Strobl/Kühnel 2000, S. 108). Demnach erfüllt die Schule aus dieser Perspektive eine Selektionsfunktion (vgl. Dietrich/Selke 2007, S. 123). Eine Ausgrenzung von Fördermöglichkeiten einer weiterbildenden Schule kann jedoch eine geistige Unterforderung und Störungen in der persönlichen Entwicklung hervorrufen.

Während Gründe für das Scheitern der Schülerinnen und Schüler mit Aussiedlerhin-tergrund an deutschen Schulen im Großteil der Literatur ausführlich beschrieben werden, erfahren bereits erworbene Kenntnisse der jungen Aussiedler wie hohe Reproduktions- und Präsentationsfähigkeit, Kenntnisse im mathematisch-naturwissenschaftlichen und musi-schen Bereich sowie Improvisationsvermögen, praktische Fähigkeiten und soziales Grup-penverhalten, welche wichtige Anknüpfungspunkte für sinnvolle Integrationsarbeit bilden, kaum Beachtung (vgl. Kleespies 2006, S. 61f). Der Bildungshintergrund der Aussiedlerel-tern, welcher als Grund häufig Erwähnung findet, kann in den meisten Fällen nicht bean-standet werden (vgl. Strobl/Kühnel 2000, S. 214). Bliesener (2007, S. 71) kommt in seiner Stichproben-Untersuchung in der Justizvollzugsanstalt Neumünster zu dem Ergebnis, dass bei 23,1 Prozent der Insassen der Vater und bei 25,9 Prozent die Mutter einen akademischen Abschluss und lediglich 7,7 Prozent der Väter und 18,5 Prozent der Mütter keine berufliche Ausbildung hat.

In der Gesamtbetrachtung kann schließlich festgehalten werden, dass delinquentes Verhalten weitgehend durch das Zusammenwirken verschiedener Risikofaktoren entsteht. Die Risikofaktoren verteilen sich nicht einheitlich über alle Individuen. Sie häufen sich in manchen Familien, treten in Wechselwirkung zueinander auf und verstärken sich in ihrer Wirkung gegenseitig. Aus diesem Grund können mehrere Krisen und/oder kritische Lebensereignisse für die Erklärung von delinquentem Verhalten von Bedeutung sein. Neben den ungleichen Teilhabechancen am gesellschaftlichen Leben wie Bildungsbenachteiligung, geringe Chancen auf einen Ausbildungs- oder Arbeitsplatz, Wohnsituation, finanzielle Lage begünstigen besonders die Entwurzelung und die einhergehende Identitäts- und Orientierungslosigkeit sowie die mangelnde Wertschätzung von Seiten der autochthonen Gesellschaft (Ablehnung, Diskriminierung, Unkenntnis) eine Entwicklung von kriminellen Verhaltensweisen. Auch Sprache ist ein identitätsstiftender Faktor, der zu einer erfolgreichen Integration beiträgt. Die Risikokonstellationen lassen es berechtigt erscheinen, vor allem von einer *„gefährdeten"* Jugend zu sprechen und nicht lediglich die vermeintlich *„gefährliche"* Jugend exklusiv zu fokussieren. Die *„Kriminalität bildet vielfach den Endpunkt einer langen Kette von Belastungen"* (Palentien/Göbel 2004, S. 240).

3 Klassische Kriminalitätstheorien

Obwohl die weitverbreitete Meinung über die überproportionale Delinquenz junger Aussiedler sich nicht belegen lässt, dürfen die Verhaltensstörungen einiger Aussiedlerjugendlichen nicht geleugnet werden. Um Ursachen, die infolge des Migrationshintergrunds resultieren können, zu beleuchten, werden im Folgenden Erklärungsansätze der Kriminologie herangezogen.

3.1 Anomietheorie

Normabweichendes Verhalten ist *„soziologisch als ein Symptom der Dissoziation von kulturell vorgeschriebenen Ansprüchen und sozial strukturierten Wegen zu Realisierung dieser Ansprüche"* (Merton 1995, S. 130) zu verstehen.

Gemäß der Anomietheorie muss das delinquente Verhalten der jungen Aussiedler stets in Relation mit der Gesellschaft gesehen werden. Delinquenz zeichnet sich primär durch normabweichendes Verhalten aus. Somit kennzeichnet das abweichende Verhalten eine Diskrepanz zwischen gesellschaftlichen Zielen und der Erreichung der Ziele durch legale Mittel aus. Die jungen Aussiedler in Deutschland befinden sich durch wahrgenommene Ausgrenzung und ungleiche Teilhabechancen in einer sozialen Randposition der autochthonen Gesellschaft, die sich infolge von vermehrten Frustrationen in Regelüberschreitungen niederschlagen. Da den jungen Aussiedlern nicht dieselben Mittel wie der autochthonen Gesellschaft zur Verfügung stehen, unterliegen sie verstärkt einem Anomiedruck, bestimmte Ziele wie wirtschaftlicher Erfolg und sozialer Aufstieg, mit illegalen Mitteln zu erreichen (vgl. Strobl/Kühnel 2000, S. 188f).

Merton (1995, S. 136ff) unterscheidet zwischen fünf Typen des abweichenden Verhaltens, die sich aus der Differenz zwischen den Zielen und Möglichkeiten, diese Ziele zu verwirklichen, ergeben: Konformität, Innovation, Ritualismus, Apathie und Rebellion. Die jungen Aussiedler zeigen weitgehend konformitäres Verhalten. Sie akzeptieren die kulturellen Ziele, indem sie ihre eigenen Bedürfnisse einschränken und die Normen der bundesdeutschen Gesellschaft akzeptiereällig. Dieser angepasste Typ bestätigt, dass *"gesellschaftliche Benachteiligung nicht per se zu abweichendem Verhalten führen"* (Dollinger/Raithel 2006, S. 107) muss.

Typen mit innovativen Verhaltensweisen akzeptieren die Ziele, erreichen diese jedoch mit illegalen Mitteln (vgl. Lamnek 2001, S. 119 f.). Die hohe registrierte Diebstahlkriminalität, besonders Ladendiebstahl, kann als *"Folge ihrer Enttäuschung über die geringen Chancen der Verwirklichung sowohl eigener Träume als auch des vorgelebten bundesdeutschen Lebensstandards"* (Luff 2000, S. 23) gesehen werden. Die Jugendlichen stehen in der neuen konsumorientierten Gesellschaft permanent unter dem Druck, mithalten zu müssen und zu wollen. Ihre (Konsum-)Ansprüche, können sie nicht befriedigen, da sie überdurchschnittlich von Armut und Erwerbslosigkeit betroffen sind. In der ersten Zeit nach der Umsiedlung scheinen die Jugendliche die sozialen Nachteile hinzunehmen und sie als normal gegeben zu betrachten, sodass die Tendenzen zum delinquenten Verhalten erst nach zwei bis drei Jahren aufzutreten scheinen. Dies birgt die Gefahr, dass sie die *"innovativen"* Lösungsmöglichkeiten für sich entdecken und somit auf illegalem Weg ihre Bedürfnisse befriedigen (vgl. ebd., S. 23 f.).

"Ritualismus bedeutet die Möglichkeit, durch Senkung des eigenen Anspruchniveaus sich dem permanenten Konkurrenzkampf zu entziehen" (Lamnek 2001, S. 120). In diesem Sinne realisieren die jungen Aussiedler, dass sie durch ihre mangelhaften Sprachkenntnisse mit Gleichaltrigen nicht mithalten und deshalb den Konkurrenzkampf in der Aufnahmegesellschaft nicht bestehen können. Sie lehnen die Ziele ab und senken ihren Anspruch durch bessere sprachliche Kenntnisse höhere Bildung zu erlangen.

Der am wenigsten verbreitete Typ zieht sich aus der sozialen Gesellschaft zurück und entwickelt sich zum Außenseiter. Er lehnt sowohl die Ziele als auch die legale Weise diese zu erreichen ab (vgl. Merton 1995, S. 148). Der Rückzug kann in die eigene Gruppe der anderen *"Außenseiter"* bzw. der anderen Aussiedler oder in die Suchtmittelabhängigkeit münden. Auffällig ist, dass Aussiedler in der Jugendphase besonders gefährdet sind, ihre Außenseiterrolle in der Gesellschaft durch den Rückzug in die Suchtmittelabhängigkeit zu verfestigen. Sie scheinen regelrecht verstärkt in eine Scheinwelt (Drogen und Alkohol) zu flüchten, weil sie den Anforderungen der Gesellschaft nicht gerecht werden können.

Unter Rebellen versteht Merton Verächter der kulturellen Ziele und der legalen Weise diese zu erreichen. Sie haben eigene Vorstellungen und erhoffen sich einen Wandel des Sozialsystems (vgl. ebd., S. 150f). Die jungen Aussiedler stehen in einer Grauzone zwischen zwei Kulturen. Sie fühlen sich zwischen den Eltern mit ihren Zielvorstellungen und denen der Aufnahmegesellschaft hin- und hergerissen. In der bundesdeutschen Gesellschaft fühlen sie sich nicht angenommen und durch die schnellere Eingewöhnung stimmen ihre Ziele mit denen der Eltern nicht überein. Dieser Typ lehnt die Ziele und legale Mittel komplett ab und greift zu illegalen Mitteln, die sowohl die Eltern als auch die Gesellschaft, nicht legitimieren.

3.2 Kulturkonflikttheorie

Die Kulturkonflikttheorie wurde von dem Kriminologen Thorsten Sellin formuliert. Sie besagt, dass delinquentes Verhalten ein Resultat des Konflikts zwischen unterschiedlichen kulturellen Wert- und Verhaltensnormen ist (vgl. Schwind 2006, S. 135).

Nach der Umsiedlung erfahren die jungen Aussiedler einen Kulturschock. Ihre problematische Positionierung zwischen dem Werte- und Normsystem der kollektivistischen Herkunftskultur und der individualistischen Ankunftskultur kann sich im delinquenten Verhalten äußern. Dabei sind besonders die anomischen Verhältnisse, die sich in sozioökonomischen und soziokulturellen Bereichen und Bereichen der Kommunikation zeigen, von wesentlicher Bedeutung. Die Anforderungen der bundesdeutschen Gesellschaft, die eine Anpassung an das einheimische Wertesystem verlangt, führen auf Seiten der jungen Aussiedler häufig zu Überforderungen. Aufgrund von Stigmatisierungen und Diskriminierungen durch die autochthone Gesellschaft können sich die Gefühle der Ablehnung des einheimischen Wertesystems verstärken, was zur Distanzierung der Normen und Werte der Aufnahmegesellschaft führen kann. Andererseits kann besonders die Diskriminierung und Dequalifizierung der Eltern im beruflichen Bereich, die mit erheblichen Verunsicherungen verbunden sind, zum Respektverlust bei Jugendlichen vor ihren Eltern und somit vor den mitgebrachten Normen und Werten führen. Ein grundlegender Konflikt entsteht meist, indem sich die Kinder zunehmend an Lebensvorstellungen der autochthonen Gesellschaft orientieren, sich von den Ansichten der Eltern distanzieren und die Eltern zeitgleich ihren autoritären Einfluss verlieren. Dennoch führt die Ambivalenz zwischen Elternhaus und sozialem Umfeld bei vielen jungen Aussiedlern dazu, dass sie sich nicht verstanden fühlen. Daraus resultieren Gefühle der Verunsicherung, der Benachteiligung und der Marginalisierung (vgl. Klement 2006, S. 46). Laut Kazin (2006, S. 29) kann dieser Zustand zu einer Ablehnung beider Kulturen führen, sodass durch die Haltlosigkeit bei vielen Jugendlichen delinquente Verhaltensweisen sowie Suchttendenzen hervorgerufen werden.

3.3 Etikettierungsansatz

Der Etikettierungsansatz überprüft Wechselwirkungsprozesse zwischen den Menschen, die Regeln aufstellen, durchsetzen und verfolgen und Menschen, die diese Regeln verletzen und als *„delinquent"* etikettiert werden (vgl. Kleespies 2006, S. 117). Die Vertreter des Ansatzes wie Tannenbaum und Goffmann gehen *„davon aus, dass sozial abweichendes Verhalten nicht durch das soziale Versagen von Menschen entsteht, sondern durch spezielle Definition- und Zuschreibungsprozesse der Instanzen sozialer Kontrolle"* (Schwind 2006, S. 145). Demnach kann die Delinquenz junger Aussiedler unter dem Aspekt negativer Zuschreibungsprozesse (Ettiketierung) betrachtet werden. Die einheimische Bevölkerung folgert aus den öffentlichen Darstellungen der *„brutalen"* und *„aggressiven Russen"* gezielte Abgrenzung und mangelnden Integrationswillen, was einen fruchtbaren Boden für Vorurteile und Stigmatisierung bietet und damit die Wahrnehmung und Einstellung gegenüber dieser Zuwanderungsgruppe nachhaltig beeinflusst (vgl. Kleespies 2006, S. 117f). Diese Stigmatisierung lässt Stereotypen entstehen, sodass für Differenzierung kaum Platz bleibt. Die Zuschreibungen verlaufen wie eine Spirale. Zunächst werden die männlichen jungen Aussiedler als gefährdet angesehen und anschließend delinquent stigmatisiert. Die zugeschriebenen negativen Eigenschaften führen bei den Betroffenen nicht selten zum sozialen Rückzug, was wiederum Assimilation verhindert und den Anschein erwecken lässt, dass die Betroffenen sich nicht integrieren wollen (vgl. Schweer/Zdun 2005, S. 25). Zudem vereinen die jungen Aussiedler weitere Stigmatisierungsfaktoren in sich: Sie sind nicht *„nur"* Migranten und gehören einer ethnischen Minderheit an, sondern sind meistens männlich und jugendlich. Aus diesem Grund werden diese einer als besonders kriminalitätsbelastend wahrgenommenen Gruppe zugerechnet und erfahren eine verstärkte Kontrolle (vgl. Kleespies 2006, S. 76). Die Studie von Schweer und Zdun (2005) ergab, dass *„das polizeiliche Interesse [...] vielmehr auf junge Aussiedler [zielt] [...], mit denen viele Polizeibeamte ein erhöhtes Kriminalitäts- und Gewaltpotential verbinden"* (ebd., S. 26). Auch das Freizeitverhalten der Jugendlichen wird *„vorschnell mit kriminellen Aktivitäten in Verbindung gebracht"* (Kleespies 2006, S. 118). All diese Faktoren wirken sich auf die Anzeigebereitschaft der autochthonen Gesellschaft aus (vgl. Pfeiffer u.a. 2005, S. 21). Die hohe Mehrfachtäterzahl dieser Bevölkerungsgruppe kann wie folgt erklärt werden: Wer einmal kriminell in Erscheinung getreten ist, dem wird ein Stigma aufgesetzt bis er seine zugeschriebene Rolle akzeptiert und danach handelt. Folglich wird das delinquente Verhalten bestraft. Der Strafe folgen weitere Abweichungen, auf die mit stärkeren Strafen reagiert wird (vgl. Lamnek 2007, S. 207). Die registrierte Kriminalität und Verhaltensstörung beruht demnach nicht auf Handlungsweisen der jungen Aussiedler, sondern ist die Folge von Definitionsprozessen durch strafrechtliche Kontrollinstanzen. In diesem Zusammenhang besagt der Etikettierungsansatz, dass der primäre Konflikt der Aussiedler durch die autochthone Gesellschaft infolge von Stigmatisierungen bedingt ist (vgl. Schmidt 2008, S. 37).

Die kriminologischen Theorien tragen zur Erklärung des delinquenten Verhaltens der jungen Aussiedler bei. Je nach Ansatz sind sozioökonomische oder soziokulturelle Risikofaktoren oder eine Verknüpfung beider Bereiche, die durchaus nicht voneinander getrennt betrachtet werden dürfen, von großer Bedeutung. Die Gesellschaft und das Individuum treten bei den vorgestellten Theorien in Wechselwirkung und beeinflussen sich im Verhalten gegenseitig.

Bezugnehmend auf die Theorien kann das delinquente Verhalten bei jungen Aussiedlern reduziert werden, wenn

1. die gesellschaftlichen Ziele und die legalen Mittel zur Erreichung dieser Ziele bei den Individuen konform miteinander sind,
2. die unterschiedlichen Werte- und Normvorstellungen der unterschiedlichen Kulturen Akzeptanz unter einander finden und

3. der Mechanismus der Stigmatisierung gegenüber den jungen Aussiedlern unter-
   brochen wird.

4   Schlussfolgerungen

Die bundesdeutsche Gesellschaft erwartet von den Aussiedlern weitgehend eine reibungslo-
se Integration, die sich durch eine zeitnahe und unauffällige Angleichung an das einheimische Wertesystem unter Missachtung der eigenen Identität, äußert. Die negative Fokussierung drängt sie durch Zuschreibungen und ablehnende Haltungen in eine Randposition der
Gesellschaft. Die Anforderungen erweisen sich jedoch als paradox: Die Aussiedler sollen
sich im sozioökonomischen und soziokulturellen Bereich problemlos integrieren, bekommen jedoch kaum Teilhabechancen zugestanden. Aus der Erkenntnis der Relevanz der
migrationsbedingten Belastung der jungen Aussiedler ergeben sich einige Präventions- und
Interventionsmaßnahmen für die zukünftige Arbeit sowohl auf dem Gebiet der Forschung
als auch im konkreten Umgang mit dem Klientel.
   Wie sich aus dem geschichtlichen Rückblick ableiten lässt, haben sich Sprachkurse als
präventive Maßnahmen erwiesen. Diese haben bis Ende der 80er Jahre eine erfolgreiche
Integration der Aussiedler begünstigt. Zudem fanden keine Separierungen in Übergangswohnheimen und später in den Wohnvierteln statt. Die Kinder wurden altersgerecht einge-
schult und die Eltern haben in ihren beruflichen Leistungen Anerkennung erhalten. Einige
Organisationen und Projekte sind für die Unterstützung der Aussiedler eröffnet worden.
Erst mit der großen Auswanderungswelle und den wirtschaftlichen Schwierigkeiten kam es
zur Selektion und Teilhabebenachteilungen in verschiedenen Bereichen. Die Kürzung der
Sprachkurse hat sich als gravierende risikobegünstigende Maßnahme erwiesen, da die
sprachlichen Kenntnisse einen Zugang zu den politischen, gesellschaftlichen und sozialen
Prozessen ermöglichen und somit einen enormen Beitrag zur erfolgreichen Integration und
einer Identitätsfindung leisten. Mit Sprachkompetenz und Bildung wird außerdem das
Selbstwertgefühl der Jugendlichen gesteigert und der Mut zur Eigeninitiative gestärkt.
   Köhnken u.a. (2007, S. 85f) berichten allerdings, dass die Jugendlichen, sich mit außerschulischen Sprachförderangeboten überfordert fühlen und schlagen vor, die sprachliche
Barriere durch organisierte Freizeitaktivitäten oder Berufspraktika zu verringern. Den jungen Aussiedlern sollten in ihrer Freizeit sinnvolle Freizeitgestaltungsmöglichkeiten angeboten werden, die alle in Deutschland lebenden Jugendlichen involvieren. Ziel der öffentlichen Einrichtungen soll es sein, unterschiedliche ethische Gruppen zusammenzuführen und
sich bekannt zu machen, wodurch interkulturellen Konflikten entgegengewirkt werden
kann. Außerdem sollen soziale Kompetenzen und Handlungsalternativen vermittelt werden.
   Auch das Entgegenwirken einer Ghettoisierung, wodurch Kontakte zwischen den Einheimischen und Aussiedlern aufgebaut und Vorurteilen und Diskriminierungen vorgebeugt
werden kann, zeigt präventive Wirkung.
   Des Weiteren schreibt Kleespies (2006, S. 137) den Pädagogen an Schulen eine wichtige Rolle zu. Sie sollen die Entstehung einer Subkultur rechtzeitig verhindern, die Schule
nach außen öffnen und das mitgebrachte Vertrauen der Eltern an die Lehrer für die Eltern-

arbeit nutzen. Um die Schullaufbahn der jungen Aussiedler nicht unnötig zu verlängern und Motivationsdefizite vorzubeugen, ist nach Kleespies (2006, S. 137) und Köhnken u.a. (2007, S. 86) eine Integration des Fachs Russisch als Fremdsprache an den Schulen anzustreben. Zur Festigung des Selbstwertgefühls, der Identitätsfindung und -stärkung der Jugendlichen ist die Orientierung an ihren Stärken und nicht an ihren Schwächen entscheidend.

Allerdings ist die Vernetzung diverser Einrichtungen mangelhaft und Kenntnisse über die soziale und kulturelle Lebenssituation dieser Migrantengruppe bei dem Fachpersonal kaum vorhanden. Aus diesem Grund ist es unumgänglich pädagogisch ausgebildete Personen aus dem eigenethnischen Milieu in die Arbeit mit den jungen Aussiedlern einzubinden. Dabei sind Projekte, die an der Lebenssituation der jungen Aussiedler anknüpfen, von großer Bedeutung. Pädagogen sollen besonders zwischen zwei Mentalitäten vermitteln, sodass die jungen Aussiedler neue Lebensvorstellungen akzeptieren und ihre Herkunftssozialisation für ihre eigene Person nicht verleugnen müssen.

In diesem Sinne steht das Entgegenwirken der Entwicklung von Minderwertigkeitsgefühlen und Aufbau eines Selbstwertgefühls immer im Dienste der Entwicklung des Gemeinschaftsgefühls, denn dieses kann nicht anders entwickelt werden, als in einer gelebten, von gegenseitiger Zuneigung und Annahme getragenen Gemeinschaft. Dadurch erfolgt parallel Aufklärungsarbeit der bundesdeutschen Bevölkerung, so dass kein Fremdheitsgefühl auf Seiten der jungen Aussiedler entstehen kann. Ein einseitiger Anpassungsprozess ist wirkungslos. Die Aussiedler sollen nicht als ein Problem der Gesellschaft betrachtet, sondern als Teil der Gesellschaft aufgenommen werden.

Allerdings ist bei der Gesamtbetrachtung die Integration der gesamten Familie nicht zu vernachlässigen. Sprachkurse und eine Einbindung in die Gesellschaft der Eltern wirken sich ebenso präventiv auf die Jugendlichen aus. Da die Qualifikationen der Eltern in der Bundesrepublik keinen hohen Wert haben, sollten die Eltern die Möglichkeit bekommen Maßnahmen zur beruflichen Qualifizierung zu besuchen. Jedoch wurden auch diese in der Zeit des Einwanderungshochs gekürzt oder gestrichen.

Köhnken u.a. (2007, S. 87) machen außerdem darauf aufmerksam, dass die Früherkennung von Verhaltensstörungen präventiv gegen eine kriminelle Laufbahn wirken kann. Wie auch Kleespies sehen sie das Potential bei den pädagogischen Fachkräften und den Eltern. Sie können als unmittelbare Kontaktpersonen die verschlechternden Schulleistungen, Schulschwänzen, Nichtannahme von Ausbildungs- oder Arbeitsangeboten oder deren Abbruch schneller wahrnehmen und daraufhin präventiv mithilfe von beratenden, behandelnden und betreuenden Verfahren reagieren.

In diesem Kontext sei jedoch darauf verwiesen, dass eine Fokussierung der Aussiedler zugleich mit einer Selektion durch die autochthone Gesellschaft einhergeht. Studien zur Kriminalitätsbelastung oder wissenschaftliche Berichte, die Zusammenhänge von Verhaltensstörungen und dem kulturellem Hintergrund untersuchen, fokussieren weitgehend den kulturellen Aspekt und weniger die soziale Schichtzugehörigkeit. Stigmatisierungen gegenüber einer kulturellen Minderheit, die durch solch eine Blickweise entstehen, können sich in Minderwertigkeitsgefühlen, Identitätsstörungen und daraus resultierend Verhaltensstörungen äußern. Erkenntnisse, die allerdings auf einer sozialen Schichtzugehörigkeit basieren, lassen sich ebenso auf andere Bevölkerungsgruppen übertragen. Nichtsdestotrotz ist in diesem Zusammenhang der kulturelle Aspekt bei der Betrachtung der Gesamtsituation nicht unbedeutend. So stellt sich für weitere Forschungen die Frage „*wie junge Aussiedler in ihrem kulturellem Anderssein anerkannt werden können, ohne sie nur unter dieser Perspektive wahrzunehmen?*".

Um den Blickwinkel der Separierung in den der Integration zu wechseln, sollte nicht nur über die Kriminalitätsbelastung der jungen Aussiedler, sondern ebenso über die gelungene Integration dieser Migrationsgruppe informiert werden. So bergen beispielsweise die polizeilichen Statistiken aufgrund des schmalen Datensatzes die Gefahr, dass die jungen Aussiedler überproportional als Täter erscheinen und allgemeine Vorurteile weiter verstärkt werden, während gleichzeitig die erfolgreiche Eingliederung des weitaus größeren Teils der jungen Aussiedler aus dem Blick gerät. Folglich würde sich Integrationsbereitschaft und Integrationsanstrengungen verstärken, wenn nicht nur Defizite, sondern auch Integrationserfolge öffentlich zur Sprache kämen. In diesem Sinne ist auf die enorme Bedeutung der gesellschaftlichen Rahmenbedingungen, die die Integration fördern jedoch auch erschweren können, zu verweisen.

Pädagogik kann die sozialen Missstände nicht verändern, das heißt eine gerechte Politik ist nicht nur durch eine Pädagogik zu ersetzen, dennoch darf sie ihre Möglichkeiten in Hinblick auf eine Stärkung der Widerstandskräfte von sozial benachteiligten Kindern und Jugendlichen nicht unterschätzen.

Die Thematik der Aussiedler mit den jeweiligen Problemen ist nach wie vor aktuell. Trotz der hohen Anzahl der zugewanderten Aussiedler in die Bundesrepublik gibt es gegenwärtig kaum Studien über die psychischen Befindlichkeiten dieser Referenzgruppe. Konkret für den Bereich der Aussiedlerforschung heißt es, dass es weiteren Forschungen kulturbedingter Verhaltensstörungen junger Aussiedler bedarf. Zum einen, um anhand von objektiveren Ergebnissen einseitigen und stereotypisierender Ansichten entgegen zu wirken und zum anderen, um präventive Förderung bereitstellen zu können. Für die Zukunft ist daher eine vermehrte Auseinandersetzung mit der Problematik nicht nur wünschenswert, sondern unerlässlich.

Literatur

Bahlmann, M.(2000): Aussiedlerkinder-ein (sonder-)pädagogisches Problem? Münster. LIT.

Baier, D./ Pfeiffer, C. (2007): Gewalttätigkeit bei deutschen und nichtdeutschen Jugendlichen-Befunde der Schülerbefragung 2005 und Folgerungen für die Prävention. Forschungsbericht Nr. 100. Hannover 2007. URL: http://www.kfn.de/versions/kfn/assets/fb100.pdf;[Datum des Aufrufs: 18.01.2009].

Berk, L. E. (2005): Entwicklungspsychologie. 3. aktualisierte Auflage. Pearson Studium. München.

Bliesener, T, (2007): Die Risikobelastung inhaftierter junger Spätaussiedler. In: Ostendorf, H. (Hg.): Kriminalität der Spätaussiedler-Bedrohung oder Mythos? Abschlussbericht einer interdisziplinären Forschungsgruppe. Baden-Baden. 1. Auflage. Nomos, S. 65-79.

Bundeszentrale für politische Bildung (bpb) (2000): Aussiedler. Informationen zur politischen Bildung (267). Franzis´ print und media GmbH. München.

Dietrich, I./ Selkes, S. (2007): Begleiten statt ausgrenzen. Lernbegleitung von russlanddeutschen Spätaussiedler-Jugendlichen an Hauptschulen. Baltmannsweiler. Schneider Verlag Hohengehren GmbH.

Dietz, B. (1997): Jugendliche Aussiedler. Ausreise, Aufnahme, Integration. Berlin. Band 7. Verlag Arno Spitz GmbH.

Dietz, B./ Roll, H. (1998): Jugendliche Aussiedler-Porträt einer Zuwanderergeneration. Frankfurt am Main/ New York. Campus Verlag.

Dietz, B. (1999): Kinder aus Aussiedlerfamilien: Lebenssituation und Sozialisation. In: Dietz, B./ Holzapfel, R. (Hg.): Kinder aus Familien mit Migrationshintergrund. Kinder in Aussiedlerfamilie und Asylbewerberfamilien; alleinstehende Kinderflüchtlinge. Verlag Deutsches Jugendinstitut. München, S. 9-46.

Dietz, B./ Roll, H. (2003): Integration als Herausforderung-Junge Aussiedler in Deutschland. In: Khuen-Belasi-Internationaler Bund (Hg.): Generation. Integrationsgeschichten von Spätaussiedlern. Info Verlag GmbH, Karlsruhe, S. 9-19.

Dolde, G. (2002): Spätaussiedler-"Russlanddeutsche"-ein Integrationsproblem. In: ZfStrVo 3/2002, S. 146-151

Dollinger, B./ Raithel, J. (2006): Einführung in Theorien abweichenden Verhaltens. Perspektiven, Erklärungen und Interventionen. Weinheim und Basel. Beltz Verlag.

Eyselein, C. (2006): Russlanddeutsche Aussiedler verstehen. Praktisch-theologische Zugänge. Evangelische Verlagsanstalt. Leipzig.

Finkelstein, K. E. (2006): Eingewandert. Deutschlands >>Parallelgesellschaften<<. Berlin, Ch. Links.

Fuchs, M./ Schwietring, T./ Weiß, J. (1999): Leben im Herkunftsland. In: Silbereisen, R. K./ Lantermann, E.-D./ Schmitt-Rodermund, E. (Hg.): Aussiedler in Deutschland. Akkulturation von Persönlichkeit und Verhalten. Opladen. Leske + Budrich, S. 69-90.

Heinen, U. (2000): Zuwanderung und Integration in der Bundesrepublik Deutschland. In: Bundeszentrale für politischen Bildung (Hg.): Aussiedler. Bonn. Nr. 267. 2. Quartal 2000b, S. 36-49.

Ingenhorst, H. (1997): Die Rußlanddeutschen. Aussiedler zwischen Tradition und Moderne. Campus Verlag. Frankfurt/Main.

Kaiser, M. (2006): Die plurilokalen Lebensprojekte der Russlanddeutschen im Lichte neuerer sozialwissenschaftlicher Konzepte. In: Ipsen-Petzmeier, S./ Kaiser, M. (Hg..): Zuhause fremd. Russland deutsche zwischen Russland und Deutschland. Transcript Verlag. Bielefeld. S. 19-59.

Kazin, V. (2006): Untersuchung an Opiatabhängigen und nicht-opiatabhängigen männlichen, Russlanddeutschen Spätaussiedlern. Eine retrospektive Vergleichsstudie. Dissertation. München. URL: http://edoc.ub.uni-muenchen.de/archive/00006078/01/Kazin_Vitalij.pdf; [Datum des Aufrufs 13.11.2008].

Kerner, H.-J./ Weitekamp, E./ Huber, C./ Reich, K. (2001): Wenn aus Spass Ernst wird. Untersuchung zum Freizeitverhalten und den sozialen Beziehungen jugendlicher Spätaussiedler. In DVJJ-Journal 4/2001, 370-379.

Kleespies, S. (2006): Kriminalität von Spätaussiedlern. Erscheinungsformen, Ursachen und Prävention. Frankfurt am Main. Peter Lang GmbH.

Klement, A. (2006): Das Marginalsyndrom oder das Leben zwischen zwei Kulturen. Ein Beitrag über die Problematik des Zusammenwirkens mit den Migranten aus den ehemaligen Republiken der Sowjetunion. Verlag für Polizeiwissenschaft. Dr. Clemens Lorai. Frankfurt.

Kornischka, J./ Assion, H.-J./ Ziegenbein, M./ Agelink, M. W. (2008): Psychosoziale Belastungsfaktoren und psychische Erkrankungen bei Spätaussiedlern. In: Psychiatrische Praxis. Georg Thieme Verlag. Stuttgart. URL: http://www.thieme-connect.de/ejournals/pdf/psychiat-praxis/doi/10.1055/s-2007-971023.pdf; [Datum des Aufrufs 01.12.2008].

Kosubek, S. (1998): Asylbewerber und Aussiedler. Rechte, Leistungen, Hilfen. Handbuch für Helfer. Beltz Verlag. Weinheim und Basel.

Köhnken, G./ Bliesener, T./ Kronbügel, G./ Ostendorf H. (2007): Integrations- und Präventionsmaßnahmen. In: Ostendorf, H. (Hg.): Kriminalität der Spätaussiedler-Bedrohung oder Mythos? Abschlussbericht einer interdisziplinären Forschungsgruppe. 1. Auflage, Baden-Baden, Nomos, S. 84-89.

Lamnek, S. (2001): Theorien abweichenden Verhaltens. Eine Einführung für Soziologen, Psychologen, Pädagogen, Juristen, Politologen, Kommunikationswissenschaftler und Sozialarbeiter. München. 7. unveränderte Auflage, Wilhelm Fink Verlag GmbH und Co. KG.

Lamnek, S. (2007): Theorien abweichenden Verhaltens I. „Klassische" Ansätze. Eine Einführung für Soziologen, Psychologen, Juristen, Journalisten und Sozialarbeiter. 8., überarbeitete Auflage. Wilhelm Fink Verlag. Paderborn.

Landeskriminalamt Niedersachen (LKA NI) (2007): Jahresbericht Jugendkriminalität und Jugendgefährdung in Niedersachsen 2007. Hannover: Landeskriminalamt Niedersachsen. URL:http://www.lka.niedersachsen.de /praevention/kinder_jugend/ [Datum des Aufrufs 18.01.2009].

Linde, J. (2007): Kinder auf dem Abstellgleis. Wie ausländische Kinder und Jugendliche im deutschen Bildungssystem systematisch benachteiligt werden. Tectum Verlag. Marburg.

Luff, J. (2000): Kriminalität von Aussiedlern. Polizeiliche Registrierungen als Hinweis auf misslungene Integration? München 2000.

Masumbuku, J. R. (1995): Psychische Schwierigkeiten von Zuwanderern aus den ehemaligen Ostblockländern. Deutscher Studien Verlag. Weinheim.

Meister, D./ Sander, U. (1996): Das Fremde im kulturellen Pluralismus. Werte und biographische Identitäten jugendlicher Aussiedler. In: Brenner, G./ Hafeneger, B. (Hg.): Pädagogik mit Jugendlichen. Bildungsansprüche, Wertevermittlung und Individualisierung. Juventa Verlag. Weinheim und München. S. 113-121.

Merton, R. K. (1995): Soziologische Theorie und soziale Struktur. Berlin. Walter de Gruyter und Co.

Palentien, C./ Göbel, C. (2004): Kinder- und Jugendarmut in Deutschland. In: ZJJ 3/2004; S. 239-241.

Pfeiffer, C./ Kleinmann, M./ Petersen, S./ Schott, T. (2004): Migration und Kriminalität. Ein Gutachten für den Zuwanderungsrat der Bundesregierung. Baden-Baden. 1. Auflage. Nomos.

Polizeiliche Kriminalstatistik Nordrhein-Westfalen (PKS NRW) (2004): URL: http://www.martini-koenigswinter. de/pks_bericht_2004.pdf; [Datum des Aufrufs: 25.12.2008].

Roll, H. (2002): Jugendliche Aussiedler sprechen über ihren Alltag. Rekonstruktionen sprachlichen und kulturellen Wissens. Dissertation. Iudicium Verlag. München.

Schmidt-Bernhardt, A. (2008): Jugendliche Spätaussiedlerinnen. Bildungserfolg im Verborgenen. Tectum Verlag. Marburg.

Schmitt, B. (2008): Kriminologie, Jugendstrafrecht, Strafvollzug. 5., völlig neu überarbeitete und erweiterte Auflage. Verlag Alpmann und Schmidt Juristische Lehrgänge. Münster.

Schweer, T./ Zdun, S. (2005): Kriminalpräventive Maßnahmen bei jungen Aussiedlern. In: APuZ 46/2005, S. 23-30.

Schwind, H. – D. (2006): Kriminologie. Eine praxisorientierte Einführung mit Beispielen. Heidelberg. Kriminalistik Verlag.

Sekler, K. (2008): Integration junger Aussiedler und Spätaussiedler in Deutschland. Studie zur derzeitigen Situation. Dissertation. In: urn:nbn:de:gbv:089-5710864462 [Datum des Aufrufs: 13.01.2009].

Selensky, L. (2004): Aspekte gelingender und misslingender Anpassung bei männlichen jugendlichen Aussiedlern. Theorie und Forschung, Bd. 813. Psychologie, Bd. 247. Dissertation. S. Roderer Verlag. Regensburg

Strobl, R./ Kühnel, W. (2000): Dazugehörig und ausgegrenzt. Analysen zu Integrationschancen jungen Aussiedler. Juventa Verlag. Weinheim und München.

Süss, W. (2005a): Psychosoziale Probleme junger Spätaussiedler. In: Wellenbrecher e.V. Online-Info Nr. 20. URL: http://www.wellenbrecher.de/pdf/OnlineInfo20.pdf; [Datum des Aufrufs: 21.01.2009].

Süss, W. (2005b): Freizeitverhalten junger Spätaussiedler. In: Wellenbrecher e.V. Online-Info Nr. 23. URL: http://www.wellenbrecher.de/pdf/OnlineInfo23.pdf; [Datum des Aufrufs: 21.01.2009].

Vogelgesang, W. (2008): Zwischen Entwurzelung, Ausgrenzung und Integration. Juventa Verlag. Weinheim und München.

Soziale Integration krimineller Jugendlicher durch Vollzug in freien Formen und offene Unterbringung – Deutschland und Schweiz im Vergleich

Kathrin Dietrich

1 Einleitung

Die Existenz von Jugendkriminalität ist ein die Politik, Gesellschaft und Öffentlichkeit betreffendes Problem, das zweifellos umfassender Lösungsbemühungen auf allen gesellschaftlichen Ebenen bedarf. Die entsprechenden Diskurse – oft polemisch geführt und geradezu leitmotivisch wiederkehrend – reduzieren sich nicht selten auf das Für und Wider eines harten (politischen und juristischen) Vorgehens gegen kriminelle Jugendliche. Immer häufiger hört und liest man Schlagworte, wie „tickende Zeitbomben", „Wegsperren, und zwar für immer" oder auch „nachträgliche Sicherheitsverwahrung auch für Jugendliche" (vgl. Walter 2008, S. 121). Derart tendenziöse Haltungen scheinen für die Gestaltung des Jugendstrafvollzuges an Bedeutung zu gewinnen und verschleiern so potentiell den öffentlichen Blick auf Positionen und Maßnahmen, denen es um die Entwicklung und Umsetzung pädagogischer Konzepte im Kampf gegen Jugendkriminalität geht (vgl. ebd.).

Denn tatsächlich gibt es in der Kriminologie kaum Hinweise auf einen Kriminalitätsrückgang bei schärferen Strafen – eher das Gegenteil ist der Fall (vgl. ebd., S. 122; Myschker 2009, S. 541; Spiess 2004, S. 33). Daher fordert der erziehungswissenschaftliche Diskurs tertiär kriminalpräventive Maßnahmen, die ein erneutes kriminell werden zu verhindern wissen und durch gezielte pädagogische Förderung neue Möglichkeiten für eine zukünftig gelingende Lebensführung aufzeigen, einüben und umsetzen sollen. Gezieltes Fordern und Fördern krimineller Jugendlicher gegen weiteres oder erneutes Abgleiten in die Kriminalität ist ein notwendiger und sinnvoller Schritt für die soziale Integration.

Exemplarisch für solche Bemühungen stehen die beiden im Folgenden zu untersuchenden Institutionen, das *Projekt Chance* in Baden-Württemberg und die *Pestalozzi Jugendstätte Burghof* im Kanton Zürich, die ihre Arbeit an präventiven, pädagogischen und sozial integrativen Gedanken ausrichten. Die Besonderheit dieser beiden Institutionen liegt darin, dass ihre Arbeit, ihr Umgang mit kriminell gewordenen Jugendlichen nicht wie im herkömmlichen Sinne des Jugendstrafvollzugs in einer geschlossenen Anstalt stattfindet, sondern in freien Formen bzw. in offener Unterbringung. Dadurch beanspruchen sie nicht nur ein hohes Maß an Flexibilität und Offenheit hinsichtlich der Erarbeitung ihrer pädagogischen Konzeptionen, sondern auch in deren Ausgestaltung. Die baulichen Rahmenbedingungen und Strukturen werden den individuellen Konzeptionen angepasst und sind damit auch bei zukünftigen Neuorientierungen, Innovationen oder Entwicklungstendenzen gestaltbar. In herkömmlichen Jugendstrafvollzugsanstalten werden ebenfalls pädagogische

Konzeptionen und Methoden umgesetzt, um dem gesetzlich vorgeschriebenen Erziehungsgedanken gerecht zu werden. Allerdings sind die strukturellen Gegebenheiten aufgrund der Sicherheitsmaßnahmen so unflexibel, dass zahlreiche Ideen und Maßnahmen nicht den entsprechenden Rahmen zur Ausgestaltung finden.

Der vorliegende Aufsatz widmet sich der Fragestellung, inwiefern der Vollzug in freier Form bzw. die offene Unterbringung dem gesetzlichen Erziehungsauftrag im Umgang mit kriminellen Jugendlichen gerecht werden und damit einen Beitrag zur sozialen Integration leisten können. Um diesbezüglich eine Antwort finden zu können, werden in den folgenden Kapiteln die Kerninhalte der Jugendstrafrechtsordnung in Deutschland und der Schweiz vorgestellt und die strukturell-konzeptionellen Rahmenbedingungen, Leitideen und methodischen Inhalte der beiden Institutionen vergleichend dargestellt.

2 Kerninhalte der Jugendstrafrechtsordnung in Deutschland und der Schweiz

Das aktuelle deutsche Jugendstrafrecht bemüht sich um einen individuellen und behutsamen Umgang mit den Verdächtigen und jungen Rechtsbrechern und stellt andere Maßnahmen zur Verfügung als im Erwachsenenstrafrecht (vgl. Dreßel 2007, S. 14). Das Jugendstrafrecht ist im Gegensatz zum *tat*orientierten Erwachsenenstrafrecht *täter*orientiert – insofern, als dass Bedürfnisse und Interessen der kriminellen Jugendlichen, sowie ein Ausgleich von bestehenden Defiziten besondere Berücksichtigung finden (vgl. Eisenberg 2009, S. 32; Greve/Montada 2008, S. 853). Als ein zentrales Ziel des Jugendstrafrechts gilt es,

> vor allem erneuten Straftaten eines Jugendlichen oder Heranwachsenden entgegenzuwirken. Um dieses Ziel zu erreichen, sind die Rechtsfolgen und unter Beachtung des elterlichen Erziehungsrechts auch das Verfahren vorrangig am *Erziehungsgedanken* auszurichten (§ 2 JGG; vgl. Eisenberg 2009, S. 28f. [Hervorhebung K.D.]).

Die zahlreichen, in sich differenzierten Sanktionsformen (*Erziehungsmaßregeln, Zuchtmittel* und *Jugendstrafe*) unterliegen also gewissen pädagogischen Legitimationsgeboten (vgl. Eisenberg 2009, S. 73). Sie zeigen die potentielle Vielfalt adäquater und anwendbarer Reaktion auf Jugendstraftaten, in Form individueller erzieherischer Angebote auf.

Die Entstehung von *Projekt Chance* beruht im Wesentlichen auf dem früheren § 91 Absatz 3 JGG, der bis Ende 2007 die Aufgabe des Jugendstrafvollzugs regelte; dort hieß es: „Um das angestrebte Erziehungsziel zu erreichen, kann der Vollzug aufgelockert und in geeigneten Fällen in *freien Formen* durchgeführt werden" (vgl. Ostendorf 2007, S. 499 [Hervorhebung K.D.]). Tatsächlich wurde bis zum Start von *Projekt Chance* nie ein Konzept umgesetzt, das diese schon seit der Neufassung des JGG, also seit 1953, geltende juristische Möglichkeit ausgeschöpft hat (vgl. Biendl 2005, S. 41; von Manteuffel 2007)[1].

---

[1] Die rechtliche Grundlage für den Vollzug in freien Formen in Baden-Württemberg befindet sich heute in § 7 des Vierten Buches des Justizvollzugsgesetzbuchs, nachdem das baden-württembergische Jugendstrafvollzugsgesetz am 01.01.2010 außer Kraft gesetzt wurde.

Das schweizerische Jugendstrafrecht in seiner heutigen Ausgestaltung als Sonderstrafrecht hat demgegenüber keine allzu lange Geschichte – und dennoch existieren schon wesentlich länger wegweisende Bemühungen, einen auch hier gesetzlich geregelten Erziehungs- und Schutzauftrag (Art. 2 JStG) umzusetzen. Erst 2007 trat ein eigenständiges Jugendstrafgesetz (JStG) in Kraft (vgl. Hebeisen 2007, S. 83; Aebersold 2007, S. 91, S.95f.). Bis dato wurde die gesonderte Behandlung von kriminellen Jugendlichen im allgemeinen Strafgesetzbuch zusammengefasst, wo jedoch bereits seit 1971 die rechtlichen Grundlagen für besondere Erziehungsmaßnahmen festgeschrieben waren[2].

Die Besonderheit des neuen Jugendstrafgesetzes ist das *dualistisch-vikariierende System* (Art. 32 JStG), das neben einer Schutzmaßnahme auch eine Strafe gelten lässt (*dualistisch*) (vgl. Aebersold 2007, S. 58; Hebeisen 2007, S. 84). Tatsächlich ausgeführt wird im Vollzug lediglich eine der beiden Sanktionsformen: dabei geht die Unterbringung (Schutzmaßnahme), zu der die *Pestalozzi Jugendstätte Burghof* gehört, dem Freiheitsentzug (Strafe) immer voraus, da das schweizerische Jugendstrafrecht die Jugendstrafe und deren Vollzug, wie es dem deutschen Recht entspricht, nicht kennt und ein Vollzug der Freiheitsstrafe nur in einer gesonderten Abteilung in Erwachsenenstrafvollzugsanstalten stattfinden kann (vgl. Aebersold 2007, S. 3, S. 173f., S. 248; Hebeisen 2007, S. 86). Die Schutzmaßnahme wird erst dann durch die Strafe ersetzt (*vikariierend*), wenn sich die Maßnahme als undurchführbar oder nicht erfolgversprechend erweist (vgl. ebd. 58). Der Inhalt und die Ausgestaltung der Schutzmaßnahme richtet sich nicht nach der Straftat, sondern orientiert sich an den pädagogischen, psychologischen und medizinischen Bedürfnissen des Jugendlichen und ist damit *täter*orientiert (vgl. Aebersold 2007, S. 51, S. 113).

Sowohl dem *Projekt Chance* als auch der *Pestalozzi Jugendstätte Burghof* ist das Ziel gemein, kriminell gewordenen Jugendlichen einerseits Grenzen zu setzen und ihnen gleichzeitig Orientierungshilfen anzubieten und Kompetenzen zu vermitteln; sie also nicht nur zu verwahren, sondern sie zu fordern und zu fördern. Wird dieses Ziel umgesetzt, erhalten die kriminellen Jugendlichen die Chance trotz ihrer Vergangenheit in die Gesellschaft integriert zu werden.

3 Jugendstrafvollzug in freier Form und offene Unterbringung – Die pädagogische Konzeption des *Projekt Chance* und der *Pestalozzi Jugendstätte Burghof*

Die Institutionen *Projekt Chance* und *Pestalozzi Jugendstätte Burghof* sind Maßnahmen der tertiären Kriminalprävention und stellen Alternativen zum herkömmlichen (Jugend-) Strafvollzug dar, der bereits seit Jahren im wissenschaftlichen Diskurs als problematisch eingeschätzt wird. Mit Hinweis auf die immense Rückfallquote von 78% (in Deutschland), ist die gesellschaftspädagogische Wirkung der Jugendstrafe bzw. des Freiheitsentzugs nachdrücklich in Frage zu stellen (vgl. Jehle/Heinz/Sutterer 2003, S. 82). Es ist davon auszugehen, dass sich der Vollzug trotz seines erzieherischen Auftrages nicht unbedingt positiv auf

---

[2] Hierzu und zur rechtlichen Situation in der Schweiz vgl. Aebersold 2007.

die Entwicklung der jungen Gefangenen und deren spätere gesellschaftliche Wiedereinglie-derung auswirkt (vgl. Weipert 2003, S. 100f.).

3.1 Projekt Chance

Die beiden Einrichtungen von *Projekt Chance*, das Kloster Frauental in Creglingen und der Jugendhof Seehaus in Leonberg[3], sind im deutschen Bundesgebiet bisher die ersten beiden Institutionen, die einen Jugendstrafvollzug in freier Form umzusetzen versuchen[4].

Der gemeinnützig anerkannte Verein *Projekt Chance e.V.*, der auch Träger der er-wähnten Einrichtungen ist, entwickelte zur Setzung eines pädagogischen Anspruchs und der zu leistenden Integrationsarbeit zwölf Leitlinien, die als Orientierung für die stationäre und ambulante Arbeit, der „Hilfe zur Selbsthilfe" dienen sollen (vgl. Projekt Chance e.V. o.J.). Um den gesetzlich festgehaltenen Erziehungsgedanken der sozialen Wiedereinglie-rung umsetzen zu können, orientiert sich die Arbeit im *Projekt Chance* an *Nahzielen* (u.a. Sicherheit vor subkulturellen Einflüssen, Aufarbeitung von Entwicklungsstörungen, Selbst-kompetenztraining, Berufsorientierung), *verfahrensbezogenen Zielen* (frühzeitige Ausset-zung eines Strafrestes der Jugendstrafe zur Bewährung, intensive Nachsorge) und *Fernzie-len (*ein Leben in sozialer Verantwortung ohne Straftaten) (vgl. Goll/Wulf 2003, S. 222; Walter 2004, S. 77).

Das Kloster Frauental ist als Jugendeinrichtung dem Erziehungsanspruch des Kinder- und Jugendhilfegesetzes verpflichtet (und untersteht damit der Heimaufsicht nach SGB VIII): „Jeder junge Mensch hat ein Recht auf Förderung seiner Entwicklung und auf Erzie-hung zu einer eigenverantwortlichen und gemeinschaftsfähigen Persönlichkeit" (§ 1 Abs. 1 SGB VIII; vgl. Kunkel/Steffan 2006, S. 29). Um diesem Anspruch gerecht zu werden und die angestrebten Ziele verwirklichen zu können, hat *Projekt Chance* seine Pädagogik auf eine feste Zielgruppe ausgerichtet. Es handelt sich dabei um männliche Mehrfach- und Intensivtäter zwischen 14 und 18 Jahren, die zum ersten Mal zu einer Haftstrafe von bis zu zwei Jahren verurteilt wurden (vgl. Dreßel 2007, S. 65).

Das Konzept der „Positiven Jugendkultur" (PJK) ist eine hervorzuhebende Grundlage der pädagogischen Arbeit im *Projekt Chance* (vgl. ebd., S. 77). Darüber hinaus macht sich *Projekt Chance* den „Just-Community-Ansatz" zunutze, um das Herausbilden negativer Subkulturnormen zu verhindern. Schließlich sollen die zentralen Elemente einer demokrati-schen Gesellschaft widergespiegelt werden, um die Bereitschaft zu bürgerlichem Engage-ment und die Beteiligung an einer demokratischen Meinungsbildung zu fördern (vgl. Trap-per 2007, S. 89ff.).

---

[3] Im Folgenden wird nur die Einrichtung in Creglingen exemplarisch dargestellt.
[4] Im Bundesland Sachsen soll in den kommenden Jahren durch Prisma e.V. eine weitere Institution ins Leben gerufen werden (vgl. Prisma-Jugendhilfe o.J.).

3.2 Pestalozzi Jugendstätte Burghof

Die *Pestalozzi Jugendstätte Burghof* in Dielsdorf ist eine von über 160 vom Bundesamt für Justiz anerkannten Erziehungseinrichtungen der Schweiz (vgl. Verzeichnis Erziehungseinrichtungen 2010). Nach jahrzehntelanger Fortentwicklung wurde dieser am 1. Januar 2000 als städtisches Heim in die *Stiftung Zürcher Kinder- und Jugendheime (ZKJ)* übernommen. Das Ziel der Zürcher Stiftung ist,

> junge Menschen mit beeinträchtigten Entwicklungschancen [...] auf dem Weg in ein sinnvolles und selbständiges Leben zu unterstützen und namentlich auf das Berufsleben vorzubereiten (Auszug aus Art. 2 der Stiftungsurkunde vom 18. 11. 1998; ZKJ o.J.).

Aus diesem Grund orientieren sich alle Stiftungsangebote an einem gemeinsamen Leitbild, das vier verschiedene Themen umfasst: die *pädagogische Kultur*, das *Personal*, das *Management* und die *Stellung der Stiftung in der Gesellschaft* (vgl. hierzu ZKJ o.J.).

Das Angebot des *Burghofs* richtet sich an „normalbegabte und bildungsfähige" (Kübler 2008, S. 7) männliche Jugendliche und Heranwachsende im Alter von 15 bis 22 Jahren, die in der Vergangenheit oft durch Abweichungen, Missachtung von gesellschaftlichen Wert- und Normvorgaben, Drogenmissbrauch oder eine grundsätzliche Störung des Sozialverhaltens auffielen[5] (vgl. ebd.).

Nach einer Orientierung an den Zielen der *ZKJ* entwickelte der *Burghof* folgenden pädagogischen Grundsatz:

> Wir konfrontieren die Jugendlichen im Burghof mit einer bewusst gestalteten Lebenswelt, in welcher mit ihnen in unterschiedlichen, zum Teil von ihnen mitgestalteten Settings respektvoll, unterstützend und ehrlich gearbeitet wird, so dass sie nachhaltige Lernerfahrungen für ihr eigenes Leben machen können – Bildung fürs Leben ,erleben' (ebd., S. 6).

Eine pädagogisch wert- und wirkungsvolle Interventionsarbeit im Alltag fußt hier letztlich auf der bewussten Konfrontation des Jugendlichen mit seinen sowohl positiven als auch negativen Verhaltensweisen. Diese kann nur in einem Milieu stattfinden, in dem zwar bestimmte gesellschaftliche Normen und Werte vorgelebt werden, aber das auch genügend Raum für die eigene Entwicklung und Orientierung bietet. Damit die Jugendlichen lernen für ihr Tun und Handeln Verantwortung zu übernehmen, werden sie in die Gestaltung des Milieus, des Alltags, der Lern- und Trainingsmaßnahmen eingebunden, in dem sie bestimmte Funktionen und Aufgaben durchführen. In diesem Arrangement wird der Begriff der *Bildung* ganzheitlich betrachtet, indem neben der Aneignung von Wissen (Fach- und

---

[5] Da die Jugendlichen unterschiedliche Problemschwerpunkte aufweisen, nutzt der *Burghof* ein speziell entwickeltes Programm zur Abklärung bzw. psychiatrischen Begutachtung: das DIAD (Diagnostisches Inventar zur differentiellen klinischen Erfassung adoleszentärer Dissozialisation) (vgl. DIAD 2004; Kübler 2008, S. 11).

Methodenkompetenz) vor allem die Sozial- und Selbstkompetenz im Vordergrund steht (vgl. Kübler 2008, S. 6).

Methodisch orientiert sich die sozialpädagogische Arbeit an den Konzepten des therapeutischen Milieus, des Empowerments, der Gruppen- und Erlebnispädagogik und der systemisch orientierten Fallarbeit.

4 Deutschland und Schweiz im Vergleich – Kritische Analyse des *Projekt Chance* und der *Pestalozzi Jugendstätte Burghof* sowie Ergebnisse bisheriger Untersuchungen

Zentrales Anliegen beider Institutionen ist das Schaffen eines Milieus, das Jugendlichen einen prosozialen Status zu vermitteln, ihnen Respekt entgegenzubringen und ihre Selbstverantwortung und Gemeinschaftsfähigkeit zu fördern vermag; ein Milieu, das den Jugendlichen die nötigen Kompetenzen für eine Wiedereingliederung in die Gesellschaft vermitteln und sie gegen den Reiz neuer Straftaten resistenter machen kann; ein Milieu, das positiven Lebensverhältnissen und damit annähernd einer idealerweise positiven Realität außerhalb des Straf- und Maßnahmevollzugs entspricht (vgl. Dreßel 2007, S. 67; Biendl 2005, S. 60; Kübler 2008, S. 4, S. 6).

4.1 Ziel und Klientenorientierung

Als gemeinsames Ziel der beiden Institutionen gilt, dem Erziehungsanspruch des jeweiligen Jugendstrafgesetzes gerecht zu werden – den kriminellen Jugendlichen also auf ein Leben in Freiheit ohne Straftaten vorzubereiten und so eine Reintegration zurück in die Gesellschaft herbeizuführen. In Deutschland hat jeder junge Mensch nach § 1 Abs.1 u. 3 SGB VIII das Recht auf Förderung seiner individuellen und sozialen Entwicklung. Die Erfüllung dieses Rechts liegt in der Verantwortlichkeit der Jugendhilfe. In der Schweiz existiert kein übergeordnetes Jugendhilfegesetz, das Leitlinien u.a. zu den Qualitätsanforderungen formulieren könnte (vgl. Aebersold 2007, S. 252). Dennoch sind sowohl *Projekt Chance* als Teil der Jugendhilfe als auch der *Burghof* auf einen speziellen Bedarf hin entstanden, einem individuellen Erziehungsanspruch verpflichtet, weshalb sie ihre Pädagogik auf eine feste Zielgruppe ausrichten, bei der davon ausgegangen wird, dass sie sich in einer äußerst dynamischen Lebensphase befindet, in der ihre Persönlichkeitsentwicklung durchaus noch beeinflussbar ist (vgl. Kübler 2008, S. 8).

Aufgrund dessen und im Bewusstsein der enormen pädagogischen Defizite des herkömmlichen Strafvollzugs wurde für beide Institutionen eine pädagogische Konzeption entwickelt, die man als *klientenorientiert* beschreiben kann. Dabei sind die zahlreichen Auswahl-, Eignungs- und Bewerbungsverfahren zum Teil sehr kompliziert, so dass vielen Jugendlichen der Zugang verunmöglicht wird. So werden vom *Projekt Chance* lediglich diejenigen Jugendlichen aufgenommen, die bereits zu einer Jugendstrafe verurteilt worden sind und i.d.R. diejenigen ausgeschlossen, bei denen Fluchtgefahr besteht, die eine Indikation für eine Sozialtherapeutische Anstalt (aufgrund von Mord-/ Sexualdelikten oder Drogenabhängigkeit) erhalten haben, die akute physische oder psychische Krankheiten (z.B. Suizidalität) vorweisen, die von Abschiebung bedroht sind oder Schwierigkeiten im Verständnis der deutschen Sprache haben (vgl. Goll/Wulf 2003, S. 222; Trapper 2007, S. 92; Dreßel 2007, S. 65). Im Falle des *Burghofs* können Jugendliche bereits in eine Schutzmaßnahme überwiesen werden, wenn eine delinquente Gefährdung besteht und damit eine erzieherische Maßnahme eingeleitet werden muss. Dies hat zur Folge, dass in der Schweiz selbst auf schwerere Delikte therapeutische und erzieherische Maßnahmen folgen, Schuldhaftigkeit oder eine Verurteilung zu einer Freiheitsstrafe aber dafür kein Kriterium sind. Interessant ist, dass die Jugendlichen auch freiwillig in den *Burghof* kommen können, wenn sie mit ihrer Lebenssituation nicht mehr zurechtkommen und sich Hilfe wünschen. Ausgeschlossen werden diejenigen, deren körperliche Gesundheit eine berufliche Ausbildung nicht zulässt, die mehrfach geistig behindert sind oder die eine aktive Drogenproblematik aufweisen (vgl. Kübler 2008, S. 8, S. 12).

Die Tatsache der Auswahlverfahren ist durchaus streitbar. In beiden Fällen kann es dazu kommen, dass gerade jenen Jugendlichen der Zugang verwehrt wird, die berufsbildende und pädagogische Maßnahmen dringend benötigen. Doch muss man wohl den Verweis auf die geringen Kapazitäten (vor allem in Deutschland) gelten lassen (wenn man diese Situation auch kritisieren mag), sowie den Einwand, dass die Einrichtungen sicher gehen wollen, dass die Jugendlichen das Trainingsprogramm potentiell erfolgreich abschließen können.

4.2   Räumliche Bedingungen und Sicherheit

Die beiden vorgestellten Einrichtungen sind über ein sehr großes Areal angelegt und bieten allen Jugendlichen und Mitarbeitern eine gute räumliche Wohn-, Schul- und Arbeitssituation. Besonderheit beim *Burghof* sind die unterschiedlichen Häuser: es gibt eine *Beobachtungsstation*[6], in der ein Gutachtenauftrag bearbeitet wird und drei *Lehrlingsheime* (vgl. Kübler 2008, S. 9).

> Integration und Resozialisierung statt Ein- und Wegsperren. Sicherung durch fachlich gut ausgebildetes Personal statt Sicherung mit Gittern und Mauern. Die Konzepte müssen den Jugendlichen angepasst werden und nicht die Jugendlichen den Konzepten (Walter Toscan o.J., ehemaliger Leiter des Burghofs).

Der Verzicht auf Repressionsmittel (wie z.B. Gitter und Mauern) steht im Zentrum des Selbstverständnisses der beiden Institutionen. Die bauliche Gestaltung ist obligatorisch für das pädagogische Belangen und passt sich den jeweiligen Ideen und Konzepten an. Den-

---

[6] Im Jahr 2008 wurde vom Stiftungsrat der *ZKJ* beschlossen, die Beobachtungsstation des *Burghofs* in den kommenden Jahren in eine „Pädagogisch-Psychiatrische Akutstation (PPA)" (Kübler 2008, S. 7) umzugestalten, „weil immer mehr Jugendliche ein Problemspektrum wiederholter deliktischer Aktivität bei gleichzeitig deutlicher psychischer Auffälligkeit" (ebd.) zeigen.

noch wird versucht die Sicherheit u.a. durch eine hohe Personaldichte, enge Zusammenarbeit mit der Polizei und durch die Möglichkeit der Rückverlegung in eine geschlossene Anstalt zu gewährleisten (vgl. ebd., S. 4, S. 26; Biendl 2005, S. 58f.; Dreßel 2007, S. 68f.). Bezüglich dieser Rückverlegung (v.a. beim *Projekt Chance*) kann allerdings kritisiert werden, dass an dieser Stelle nicht zu genüge erkannt wird, dass Rückschläge im Prozess der Verhaltensänderung normal sind, weshalb eine Rückverlegung nur eingesetzt werden sollte, wenn es keine pädagogischen Möglichkeiten zur Problemlösung gibt. Die JVA scheint schließlich auch nicht das angemessene Umfeld zur Lösung des Problems zu sein (vgl. Biendl 2005, S. 116f.). Der *Burghof* hält sich in den Situationen einer Entweichung die Möglichkeit offen, die Jugendlichen in ein Time-out zu schicken, in dem sie ihr Verhalten reflektieren können. Sind sie danach noch immer nicht zu einer Zusammenarbeit bereit, kann eine Verlegung in eine geschlossene Abteilung eines Erziehungsheims bzw. eines Erwachsenenstrafvollzugs in Erwägung gezogen werden (vgl. Kübler 2008, S. 17).

4.3 Mitarbeiter

Das Mitarbeiterteam besteht in beiden Einrichtungen aus Diplomsozialpädagogen, Lehrern, Berufsbildnern/Handwerkern, Verwaltungsangestellten, Hauswirtschaftspersonal und anderen Angestellten oder externen Mitarbeitern verschiedenster Profession. Es lässt sich damit im positivsten Sinne von einer Multiprofessionalität/Multiperspektivität und großen Personaldichte sprechen (vgl. Dreßel 2007, S. 66f.). Die Mitarbeiterstäbe decken damit eine breite Palette an Kompetenzen ab, um sich flexibel der vielgestaltigen, multifaktoriellen Problematik annehmen zu können. Es liegt nahe und kann als erfolgsversprechend betrachtet werden, solche Einrichtungsarten maßgeblich in die Hände von pädagogischen Fachkräften zu legen, die mit der Komplexität des Themas in Theorie und Praxis vertraut sind. Die Initiation des pädagogischen Verhältnisses zwischen Betreuern und Jugendlichem, also die Überwindung des anfänglichen Misstrauens (da der Sozialpädagoge oder Trainer Teil der Eingriffsapparatur ist) wird sowohl im *Projekt Chance* als auch im *Burghof* durch ein Bezugsbetreuersystem gestaltet (vgl. Dreßel 2007, S. 71; Kübler 2008, S. 8, S. 14). Die personellen sind neben den räumlichen Bedingungen ideale, aber auch obligatorische Voraussetzung, um tertiär kriminalpräventive, pädagogische Institutionen, wie die beiden vorgestellten, umsetzen zu können.

4.4 Methodische Struktur und Interaktionsformen

Hausordnung und Tagesstruktur bieten in beiden Institutionen für die Jugendlichen ein gewisses Maß an Transparenz und Orientierungsrahmen, da sie sich dem Geschehen nicht willkürlich ausgesetzt sehen, sondern wissen was von ihnen verlangt wird. Das dichte Programm bestehend aus Arbeit, Schule und Freizeit mag aktivierend, motivierend und fördernd wirken (vgl. Biendl 2005, S.68f.). Dennoch bietet dieser Rahmen, der die Tages- und Wochenabläufe strikt regelt, Anlass zur Kritik, da durch diese Regelstränge Charaktereigenschaften einer „totalen Institution" aufkommen (vgl. Goffmann 1973, S. 11). Es bestehen kaum Auszeitmöglichkeiten, da die Interventionen in allen Lebensbereichen stattfinden. Zudem herrscht ein enormer Bewertungsdruck, Kontrolle und Konfrontation. Für ein „normales Jugendleben", zu dem z.B. auch Heimlichkeiten oder situativ bedingte Abgrenzungen von der Umwelt gehören, bleibt hier nur wenig Raum. Weiterhin können – trotz lebensnahen Lernens – nicht alle Elemente des freien, normalen Lebens, also der Realität aufgegriffen werden (z.B. heterogenes Miteinander). Dieser Problematik sind sich die Institutionen bewusst, weshalb versucht wird die Charakterelemente der „totalen Institution" z.B. durch Just-Community Elemente zu durchbrechen, da durch die Teilhabe an realen Situationen gemeinsam Regeln des Zusammenlebens aufgestellt werden, damit sich niemand benachteiligt fühlt und Mitbestimmungsrechte gewahrt werden (vgl. Dreßel 2007, S. 89f.).

Die Gruppenstruktur beider Institutionen wird über ein *Stufensystem* geregelt, welches sich durch den kompletten Arbeits- und Lebensalltag zieht. Das System von *Projekt Chance* ist in vier Phasen unterteilt: die *Orientierungsphase*, die *Stabilisierungsphase*, die *Integrationsphase* und die *Ablösephase*. Mit dem Durchlaufen der Phasen erhält jeder Jugendliche zunehmend Freiräume und Mitgestaltungsmöglichkeiten (vgl. Trapper 2007, S. 92). Endgültiges Ziel ist die Integration zurück in die Gesellschaft. Im *Burghof* sind die Stufen durch die drei Lehrlingshäuser gekennzeichnet. Die Lehrlingsgruppen I und II manifestieren die *Eintritts-* und *Stabilisierungsphasen*, die den Grundstein der Konzentration auf Berufsausbildung und Persönlichkeitsentwicklung legen. Das Durchlaufen der Phasen ist mit einem organischen Hinüberwechseln in eine neue Entwicklungsphase gleichzusetzen (vgl. Burghof o.J.). Im Lehrlingshaus III angekommen, befinden sich die Jugendlichen in der *Austrittsphase*. Auch hier gilt das Ziel, den Eintritt in die Gesellschaft vorzubereiten (vgl. Kübler 2008, S. 14, S. 21f.). Durch das transparente Stufenprogramm erhalten die Jugendlichen die Möglichkeit Selbstständigkeit und sozial adäquates Miteinander einzuüben und ihre Erfolgserlebnisse selbstständig zu planen und mitzugestalten. Gerade das Stufensystem von *Projekt Chance* könnte allerdings die Gefahr einer subkulturellen Gruppenbildung innerhalb der bestehenden Hierarchie bergen. Zwar können im Rahmen dieses hierarchischen Systems Neulinge von den „erfahreneren" Jugendlichen profitieren, die Gefahr der Abgrenzung der unterschiedlich privilegierten Teilnehmer untereinander besteht dennoch.

In Konzeption und Methode betonen beide Institutionen die dynamische Interaktionsform der Gruppe (Erziehung in und durch die Gruppe). Es gilt das Bestreben, *positive Jugendkulturen* zu etablieren, da sie großes pädagogisches Potential birgt. Die Peergroup als bedeutsames Bezugssystem soll stabilisierende Wirkung entfalten. In einer pädagogisch gesteuerten positiven Jugendkultur kann sozialverträgliches Verhalten erlernt werden – wenn die Peergroup pädagogisch auf Legalität und soziales Verhalten ausgerichtet wird. Das Eingebundensein in unterschiedliche Sozial- und Beziehungsformen begünstigt eine Rollen- und Perspektivübernahme, was das Aufbrechen starrer Rollenmuster und Stigmatisierung ermöglicht und dem Jugendlichen ein Bewusstsein für die Bedeutung sozial adäquaten Verhaltens zu vermitteln vermag (vgl. Brumlik 1997). Voraussetzung für die positive Wirkung ist die konzeptionell, methodisch und pädagogisch bewusste Gestaltung der

Bedingungen und Abläufe. Das Bestreben, in dieser Weise Erfahrungsbereiche und –räume (Settings, Milieus) zu etablieren, lässt sich sowohl beim *Projekt Chance*, als auch beim *Burghof* identifizieren.

Die genannten Aspekte des sozial adäquaten Verhaltens spiegeln sich auch im *Just-Community-Ansatz* wieder. Dieser Ansatz enthält Elemente, die zu integrationsnotwendiger moralischer Urteilsfähigkeit befähigen (vgl. ebd.). Im Wesentlichen ist der Ansatz an der demokratischen Gesellschaft ausgerichtet. Daher haben demokratische Elemente in der Konzeption beider Einrichtungen ihren festen Platz. Zwar existieren in beiden Fällen strikte Hausordnungen, Prinzipien und geregelte Abläufe, doch wird den Jugendlichen die Möglichkeit gegeben, sich im Rahmen gewisser Vorgaben und Grenzen in demokratischen Prozessen einzubringen. Dies geschieht in Form von Versammlungen, Komitees, Werkstattgesprächen, gegenseitiger Beratung der Jugendlichen und gruppendynamischem Training. Reflexion ist bedeutendes Prinzip aller Prozesse. Den Jugendlichen wird Gelegenheit gegeben, selbstständig Regeln aufzustellen, Konflikte zu bewältigen, Ideen und Strategien zu entwickeln, für sich und ihre Gruppe Verantwortung zu übernehmen und „Experten in eigener Sache" (Trapper 2007, S. 90) zu werden. So können sie in beiden Institutionen lernen sich mit den gesellschaftlichen Umständen auseinanderzusetzen. Sie erleben ihre Umgebung mitunter als durch Initiative und Selbstwirksamkeit veränderbar und werden zu wichtigen Impulsgebern der jeweiligen Einrichtung. Der konzeptionellen Flexibilität steht der demokratische Gehalt einer gewissen inhaltlichen Flexibilität gegenüber.

Sowohl *Projekt Chance* als auch die *Pestalozzi Jugendstätte Burghof* verfügen über eine heiminterne Schule als auch verschiedene Arbeitsbereiche (vgl. Biendl 2005, S. 86, S. 101f.; Kübler 2008, S. 17ff.). Dabei hat es sich die Schule zum Ziel gemacht, das Interesse am Lernen wiederzuerwecken und verschiedene Lerntechniken zu vermitteln. In Kleingruppen können insbesondere individuelle Bedürfnisse berücksichtigt werden. Im *Projekt Chance* stehen im Arbeitsbereich die Berufsfindung, die Berufsvorbereitung und der Berufseinstieg im Vordergrund. Auch der *Burghof* greift diese Aspekte auf, mit dem Unterschied, dass er auch die Möglichkeit einer Berufsausbildung in einer von sieben Werkstätten anbietet. Zwar können die Berufsvorbereitungskurse und die Bewerbungstrainings im *Projekt Chance* von Vorteil sein, für den späteren Berufseinstieg nach der Teilnahme an der Maßnahme ist eine abgeschlossene Berufsausbildung jedoch günstiger. Außerdem können hier vor der Verurteilung zur Jugendstrafe begonnene Ausbildungen außerhalb der Institution erst wieder aufgenommen werden, wenn der Jugendliche den entsprechenden Status erreicht hat. Allgemein lernen die Jugendlichen in den Arbeitsbereichen, neben der notwendigen Anstrengungsbereitschaft, die sie mitbringen müssen, wie sie ihr Verhalten im Berufsalltag anzupassen haben, wie sie kommunizieren und mit dem Team zusammenarbeiten müssen. Die Bildung der Jugendlichen ist in allen Bereichen in ganzheitlicher Sicht zu betrachten. Neben dem Wissen (Fach- und Methodenkompetenz) sind vor allem Sozial- und Selbstkompetenz von großer Bedeutung, um in einer Gesellschaft zu bestehen.

Demgegenüber nimmt die Freizeitgestaltung in beiden Institutionen eine wichtige Stellung ein. Neben teilweise strukturiert und vorgegebenen Aktivitäten (damit z.B. die Kultur nicht zu kurz kommt) haben die Jugendlichen die Möglichkeit an der Gestaltung ihrer Freizeit selbstständig tätig zu sein und darüber demokratisch zu entscheiden. Sie sollen dabei darauf achten ihre Interessen und ihren Horizont zu erweitern, indem sie sich Aktivitäten widmen, die weniger konsumorientiert sind. Gerade im Rahmen der Freizeitkulturen können sich, pädagogisch vorgestaltet, die Wirkungen positiver Jugendkulturen entfalten.

4.5 Nachbetreuung

Sowohl im *Projekt Chance* als auch in der *Pestalozzi Jugendstätte Burghof* werden keine Jugendlichen entlassen, für deren Zukunftsgestaltung nicht erste Schritte unternommen worden sind; es folgt eine jeweils genaue Abklärung der Perspektiven und weiterer Vorgehensweisen. Gerade die Maßnahme der Nachbetreuung ist ein wichtiger Faktor zur Wiedereingliederung in die Gesellschaft. Idealerweise sollte eine solche Nachbetreuung schon während des Aufenthalts in der Institution anlaufen, damit unmittelbar vor dem Austritt Unsicherheiten und Ängste seitens des Jugendlichen bereits abgebaut sind.

4.6 Evaluation

Im Rahmen einer differenzierten wissenschaftlichen, qualitativen und quantitativen Begleitforschung, 2004 bis 2007 von den Instituten für Kriminologie der Universitäten Heidelberg und Tübingen durchgeführt, wurde das *Projekt Chance* hinsichtlich diverser Aspekte untersucht: u.a. Regelsystem, Zusammenleben, Bildungsabschlüsse, Entwicklung sozialer Kompetenzen, reguläre Entlassung oder Rückverlegung in die JVA, Legalbewährung und Integration nach der Entlassung (vgl. Abschlussbericht 2008). Im hier beschränkten Rahmen ist die komplette Evaluation nicht darstellbar, sie kann jedoch als Abschlussbericht auf der Internetpräsenz von *Projekt Chance* en detail nachgelesen werden (vgl. ebd.; Projekt Chance e.V. o.J.). Im Hinblick auf die Fragestellung, inwiefern der Vollzug in freier Form bzw. die offene Unterbringung dem gesetzlichen Erziehungsauftrag im Umgang mit kriminellen Jugendlichen gerecht werden und damit einen Beitrag zur sozialen Integration leisten können, sollen jedoch einige Ergebnisse aufgezeigt werden:

Es ist davon auszugehen, dass die Jugendlichen das hohe Maß an Reglements akzeptierten und so auch später in der Gesellschaft dazu befähigt sind, Anpassungsfähigkeit zu zeigen, da Regelverstöße verhältnismäßig selten bekannt wurden (vgl. Abschlussbericht 2008, S. 34f.).

Ein Zusammenleben war trotz persönlicher Unterschiede möglich. Auftretende Konflikte stellten eine gute Übungseinheit für das zukünftige Leben in der Gesellschaft dar (vgl. ebd., S. 88, S. 90f.).

Während des Aufenthaltes in der Institution verbesserte sich die psychosoziale Anpassung (z.B. sozialkommunikative Kompetenz, Überzeugungen und Bewältigungsstrategien, Selbstkonzept und -sicherheit) bei den regulär entlassenen Probanden (vgl. ebd., S. 21).

Beachtenswert ist, dass die häufigsten Rückverlegungen in die JVA (29%) auf eigenen Wunsch der Jugendlichen (aufgrund der Überforderung im Alltag, der als stressbelastet empfunden wurde) erfolgten[7].

Im Zuge der Untersuchung zur Legalbewährung ergab sich eine Rückfallquote von 48%, wobei zwei Drittel der Rückfälligen Probanden waren, die in die JVA zurückverlegt worden waren (vgl. ebd., S. 46). Stellt man hier einen direkten Vergleich zum herkömmlichen Jugendstrafvollzug her, bei dem eine Rückfallquote von 78% notiert wird, so wäre *Projekt Chance* im Kampf gegen die Jugendkriminalität eindeutig das Mittel der Wahl. Obwohl viele Jugendliche die Trainingsmaßnahme erfolgreich beendeten, verlief die Integration in die Gesellschaft oft problematisch. So kam es zu Abbrüchen der Ausbildungen, erneutem Drogen- und Alkoholkonsum und strafrechtlichen Auffälligkeiten (vgl. Abschlussbericht 2008, S. 119). Ein Erfolg des *Projekt Chance* kann schon damit konstatiert werden, dass es eine Vollzugsform praktiziert, die negative Effekte des regulären Jugendstrafvollzugs zu vermeiden weiß.

Im Falle der *Pestalozzi Jugendstätte Burghof* kann leider auf keine Begleitforschung zurückgegriffen werden. Ein wissenschaftlicher Nachweis der Wirkung aller pädagogischen Institutionen ist noch zu erbringen. Allerdings liegt die Erfolgsquote erfahrungsgemäß bei 70%[8]. Obwohl eine Evaluation bisher fehlt, besteht der *Burghof* auf eine interne Qualitätssicherung. Dabei hält sich das Qualitätsmanagement an die Strategien des „*Total Quality Management (TQM)*, welches gezielt alle Mitarbeiter und die gesamte Institution in den Qualitätsprozess miteinbezieht" (Kübler 2008, S. 27). Im Zuge der Richtlinien werden zwei Qualitätsdimensionen überprüft: Die leistungsbezogene Qualitätsdimension (Klientenperspektive), welche die Struktur-, Prozess- und Ergebnisqualität einschließt und die leistungserbringende Qualitätsdimension (Institutionsperspektive), zu der die Konzeptqualität, die fachliche Qualität, die Organisations- und Ausstattungsqualität und letztlich die Ressourcenqualität gehören (vgl. ebd.).

5   Fazit

Die beiden dargestellten Einrichtungen, *Projekt Chance* in Deutschland als Vollzug in freier Form und die *Pestalozzi Jugendstätte Burghof* in der Schweiz als Schutzmaßnahme, ähneln sich trotz der unterschiedlichen gesetzlichen Rahmenbedingungen in pädagogischer und methodischer Hinsicht maßgeblich – sie verfolgen dieselben Ziele mit ähnlichen Mitteln. In der vorliegenden Arbeit wurde versucht, jene Aspekte hervorzuheben, die das päda-

---

[7] Ungeachtet der Regeln und Sanktionierungsmöglichkeiten auf Normverstöße, schwebte das Damoklesschwert Rückverlegung in die JVA über jedem Teilnehmer. Den einen Jugendlichen mag es zur Zusammenarbeit motiviert haben, bei dem anderen erbrachte nur der Druck die Verhaltensänderung. Dadurch wird die Frage aufgeworfen, ob ein Jugendlicher das Programm ebenfalls bewältigen würde, wenn im Hintergrund nicht die Gefahr einer Rückverlegung in die JVA stehen würde (vgl. Abschlussbericht 2008, S. 88).
[8] Anders als der *Burghof* hat die strukturell methodisch vergleichbare Einrichtung Arxhof (Schweiz) empirische Evaluationen durchgeführt, die die Plausibilität dieser Erfahrungswerte belegen. Sofern dort alle Maßnahmen und Therapien beendet und eine Ausbildung abgeschlossen wurde, wurden lediglich 33 % der Jugendlichen wieder rückfällig (vgl. Neue Zürcher Zeitung 2009; vgl. SF 2009).

gogische Potential der Einrichtungen begründen. Es wurde geklärt, inwiefern die Institutionen zur sozialen Integration kriminell gewordener Jugendlicher theoretisch, potentiell beitragen können: ihre Legitimation erhalten sie aus der intensiven Auseinandersetzung mit dem Problemkomplex Jugendkriminalität und haben daraus pädagogische Konzeptionen und Methoden abgeleitet, die dem Umgang mit kriminellen Jugendlichen den so nötigen Erziehungsanspruch verschaffen.

Die Konzepte der Institutionen haben die Welt im Blick, auf die sie die Jugendlichen vorbereiten wollen. Sie versuchen diese Welt im Kleinen zu repräsentieren, um das soziale und gesellschaftliche Leben in dieser Welt verstehen zu lernen. Für dieses Leben wird den Jugendlichen vor allem Handlungskompetenz vermittelt: es drängt sich die begründete Vermutung auf, dass die Jugendlichen nach dem Durchlaufen der Institutionen dazu in der Lage sind, sich in beruflichen, gesellschaftlichen und privaten Kontexten sachgerecht, durchdacht, sowie individuell und sozial verantwortlich zu verhalten. Die Institutionen leisten intensive erzieherische Arbeit, die sich den Erkenntnissen der Erziehungswissenschaft nicht verschließt, sondern diese in praktische Methoden zu übertragen vermag. Dieses Bestreben ist potentiell von Erfolg gekrönt.

Diese Einschätzung ist wissenschaftlich-theoretisch begründet; die pädagogische Wirkung in der Realität kann auf diese Weise jedoch nur bedingt erfasst werden. Die Erziehungswissenschaft kann Projekte untersuchen, Konzeptionen legitimieren und begründete Urteile über Methoden, Verfahren und Strukturen aussprechen; sie kann und muss stets aufs Neue die tatsächliche Situation intensiv reflektieren. Dies sind die Aufgabe und das Potential der Pädagogik in diesem Zusammenhang. Sie kann jedoch weder potentiellen Erfolg noch Misserfolg einer pädagogischen Institution vorausdeuten, sondern lediglich Einschätzungen vornehmen. Aufschluss über die höchst reale Wirkung von theoretisch begründeten Konstrukten kann nur die Empirie liefern. Stetige, wiederholte Selbstreflexion durch Evaluation, der Wille zur Verbesserung und Weiterentwicklung durch ein fundiertes Qualitätsmanagement und das unablässige Überdenken des pädagogischen Handelns sind oberste Pflichten jedes Mensch und Gesellschaft betreffenden Projektes. Die beiden vorgestellten Institutionen haben bereits engagierte Schritte zur Erfüllung dieser Pflichten unternommen.

Die Institutionen des *Projekt Chance* sollten in Deutschland nicht der einzige Versuch bleiben, Jugendstrafvollzug in freien Formen auszuführen. Die gesetzlichen Grundlagen für kriminelle junge Menschen sind vorhanden und können in erheblich höherem Maße ausgeschöpft werden. Die sich auf eine Anzahl von über 160 summierenden schweizerischen Erziehungsinstitutionen scheinen aufgrund ihrer pädagogischen Konzeption ebenso reale soziale Integrationschancen zu bieten wie *Projekt Chance*. Weitere Maßnahmen könnten ähnlich gute Ergebnisse erzielen und den Betroffenen, wie auch der Gesellschaft von großem Nutzen sein. *Projekt Chance* ist bisher nur ein kleiner Teil eines viel breiteren Angebots im Jugendstrafvollzug und kann die notwendige Pluralität an Behandlungs- und Erziehungsangeboten nicht ersetzen. Betrachtet seien hier beispielsweise nur die Ausschlusskriterien, die *Projekt Chance* aufweist. Gäbe es vielfältigere und zahlreichere Maßnahmen, so könnten viel mehr kriminell gewordene Jugendliche die Möglichkeit zur Teilnahme an pädagogischen Einrichtungen wahrnehmen, die ihnen bei der Integrierung in die Gesellschaft Hilfestellungen leisten.

Natürlich geht damit allerdings nicht die Forderung einher, den herkömmlichen Jugendstrafvollzug vollends abzuschaffen. Es ist offensichtlich, dass nicht alle jungen Gesetzesbrecher in solch freien Formen haltbar sind. Daher wäre es sinnvoll, gerade im Strafvollzug pädagogische Konzeptionen einzuführen, die sich im *Projekt Chance* und der *Pestalozzi Jugendstätte Burghof* bereits bewährt haben. Durch Anpassung der Konzeptionen und Methoden würde nicht nur ein kleiner Teil der kriminellen Jugendlichen die Chance erhalten zu lernen, wie sie ihr Leben nach sozial anerkannten Maßstäben ausrichten können. Diese so wichtige Chance sollte tatsächlich für jeden zugänglich gemacht werden, da sie zu verstehen ist

- als *Chance für Jugendliche*, ihr Leben in den Griff zu bekommen und es damit für sich selbst erfolgreicher und befriedigender gestalten zu können und
- als *Chance für unsere Gesellschaft*, junge Menschen, die am Rande stehen, zu reintegrieren und damit effektive Kriminalprävention zu leisten (vgl. Trapper 2007, S. 98).

Literatur

Abschlussbericht (2008). Abschlussbericht der wissenschaftlichen Begleitung des Projekts Chance, Jugendstrafvollzug in freien Formen. Heidelberg und Tübingen, 27. August 2008. http://www.projekt-chance.de/Jugendprojekte/Jugendprojekt.htm (Zugriff September 2010).

Aebersold, Peter (2007). Schweizerisches Jugendstrafrecht. Stämpflis Juristische Lehrbücher. Stämpfli Verlag AG Bern.

Biendl, Christian (2005). Jugendstrafvollzug in freier Form am Beispiel des „Projekt Chance". Ebertz, Michael N.; Nickolai, Werner & Schwalb, Helmut (Hrsg.). MenschenArbeit. Freiburger Studien. Band 20. Hartung-Gorre Verlag Konstanz.

Brumlik, Micha, Prof. Dr. (1997). Just Community – demokratische Strukturen im Jugendstrafvollzug. Universität Heidelberg. Forschungsmagazin Ruperto Carola. Ausgabe 3/1997. http://www.uni-heidelberg.de/uni/presse/RuCa3_97/brumlik.htm (Zugriff September 2010).

Burghof (o.J.). http://burghof.org/first.html (Zugriff April 2009).

DIAD (2004). http://www.diad.ch/ (Zugriff September 2010).

Dreßel, Eva (2007). „Projekt Chance". Eine Alternative zu herkömmlichen Jugendstrafanstalten. Göhlich, Michael & Liebau, Eckart (Hrsg.): Erlanger Beiträge zur Pädagogik. Band 3. Waxmann Verlag GmbH Münster.

Eisenberg, Ulrich, Dr. jur. (2009). Jugendgerichtsgesetz. Beck'sche Kurzkommentare. Band 48. 13. Auflage, völlig neu bearbeitete Auflage. Verlag C.H. Beck München.

Goffman, Erving (1973). Asyle. Über die soziale Situation psychiatrischer Patienten und anderer Insassen. 1. Auflage. Suhrkamp Verlag Frankfurt am Main.

Goll, Ulrich, Prof. Dr. & Wulf, Rüdiger, Dr. (2003). Projekt Chance: Aus der Jugendstrafanstalt ins Jugendheim. Ein Modell aus Baden-Württemberg. In: Gruppe, Christian; Mörsberger, Thomas; Oberloskamp, Helga, Prof. Dr.; Rothe, Marga, Prof. Dr.; Salgo, Ludwig, Prof. Dr.; Struck, Jutta; Werner, Heinz-Hermann; Wiesner, Reinhard, Prof. Dr. Dr. h.c.; Willutzki, Siegfried, Prof. & Zarbock, Walter H. (Hrsg.). Zentralblatt für Jugendrecht. 90. Jahrgang Nr. 6/2003. Bundesanzeiger Verlagsges.mb.H. Köln. S. 219-223.

Greve, Werner & Montada, Leo (2008). Delinquenz und antisoziales Verhalten im Jugendalter. In: Oerter, Rolf & Montada, Leo (Hrsg.). Entwicklungspsychologie. 6., vollständig überarbeitete Auflage. Beltz Verlag Weinheim, Basel. S. 837-858.

Hebeisen, Dieter (2007). Das neue Jugendstrafrecht der Schweiz. Ein Überblick über die wichtigsten Änderungen. In: Gesellschaft für Fortbildung der Strafvollzugsbediensteten e.V. (Hrsg.). Forum Strafvollzug. Zeitschrift für Strafvollzug und Straffälligenhilfe. 56. Jahrgang. Wiesbaden. S. 83-87.

Jehle, Jörg-Martin, Prof. Dr.; Heinz, Wolfgang, Prof. Dr. & Sutterer, Peter (2003). Legalbewährung nach strafrechtlichen Sanktionen. Eine kommentierte Rückfallstatistik. Bundesministerium der Justiz (Hrsg.). Unter Mitarbeit von Sabine Hohmann, Martin Kirchner und Gerhard Spiess. In Kooperation mit dem Generalbundesanwalt beim Bundesgerichtshof – Dienststelle Bundeszentralregister – , dem Statistischen Bundesamt und der Kriminologischen Zentralstelle. Forum-Verlag Godesberg GmbH, Mönchenglattbach.

Kunkel, Peter-Christian, Prof. & Steffan, Ralf, Dr. (2006). § 1 Recht auf Erziehung, Elternverantwortung, Jugendhilfe. In: Kunkel, Peter-Christian, Prof. (Hrsg.) Sozialgesetzbuch VIII. Kinder- und Jugendhilfe. Lehr- und Praxiskommentar. 3. Auflage. Nomos Verlag Baden-Baden. S. 29-37.

Kübler, Daniel (2008). Rahmenkonzept Burghof.

Manteuffel, Angela von (2007). Projekt Chance: Jugendstrafvollzug in freier Form. In: Gesellschaft für Fortbildung der Strafvollzugsbediensteten e.V. (Hrsg.). Forum Strafvollzug. Zeitschrift für Strafvollzug und Straffälligenhilfe. 57. Jahrgang. Wiesbaden. S. 265-271.

Myschker, Norbert (2009). Verhaltensstörungen bei Kindern und Jugendlichen. Erscheinungsformen – Ursachen – Hilfreiche Maßnahmen. 6., überarbeitete und aktualisierte Auflage. W. Kohlhammer GmbH Stuttgart.

Neue Zürcher Zeitung (2009). Unterschiedliche Rückfallquoten bei jungen Straftätern. Positiver Einfluss von Lehre und Anlehre während des Massnahmevollzugs. 10. Juli 2009.

Ostendorf, Heribert, Prof. Dr. (2007). Jugendgerichtsgesetz. Kommentar. 7., völlig überarbeitete Auflage. Nomos Verlagsgesellschaft Baden-Baden.

Prisma-Jugendhilfe (o.J.). http://www.prisma-jugendhilfe.de/index2.html (Zugriff September 2010).

Projekt Chance e.V. (o.J.). http://www.projekt-chance.de (Zugriff September 2010).

SF – Schweizer Fernsehen (09.07.2009). http://www.videoportal.sf.tv/video?id=3cde5834-0795-42ab-a4d2-501de0aef3fc (Zugriff September 2010).

Spiess, Gerhard (2004). Jugendkriminalität in Deutschland – Kriminalistische und kriminologische Befunde. Erweiterte Fassung des Vortrags für das Seminar „Jugendkriminalität" der Polizei-Führungsakademie Münster, 21.-23.4.2004. http://www.uni-konstanz.de/rtf/gs/G.Spiess-Jugendkriminalitaet.pdf (Zugriff September 2010).

Toscan, Walter (o.J.).
http://www.justizvollzugslehrer.de/Formularordner/Tagungsprotokol%20lWienklein.pdf (Zugriff September 2010).

Trapper, Thomas, Dr. (2007). „Projekt Chance" im CJD Creglingen. In: Nickolai, Werner & Wichmann, Cornelius (Hrsg.). Jugendhilfe und Justiz. Gesucht: Bessere Antworten auf Jugendkriminalität. Lambertus-Verlag Freiburg im Breisgau. S. 84-99.

Verzeichnis Erziehungseinrichtungen vom 19.03.2010.
http://www.ejpd.admin.ch/content/dam/data/sicherheit/straf_und_massnahmen/documentation/heimverzeichnis.pdf (Zugriff September 2010).

Walter, Joachim, Dr. (2008). Härte macht nur hart! In: Gesellschaft für Fortbildung der Strafvollzugsbediensteten e.V. (Hrsg.). Forum Strafvollzug. Zeitschrift für Strafvollzug und Straffälligenhilfe. 57. Jahrgang. Wiesbaden. S. 121-122.

Walter, Joachim, Dr. (2004). Das Projekt Chance aus der Sicht der Justizvollzugsanstalt Adelsheim. In: INFO 2004.
http://www.uni-heidelberg.de/Institute/fak2/krimi/DVJJ/Aufsaetze/Walter2004.pdf (Zugriff September 2010).

Weipert, Thomas ((2003). Lebenswelt Gefängnis. Einblick in den Jugendstrafvollzug mit Berichten junger Gefangener. Centaurus-Verlags GmbH & Co. KG Herbolzheim.

ZKJ (Stiftung Zürcher Kinder- und Jugendheime) (o.J.). http://www.zkj.ch/intro.html (Zugriff September 2010).

Prävention von Jugendkriminalität in Luxemburg am Beispiel des „Centre socio-éducatif de l'Etat"

Jennifer Seil

1   Einführung

Der folgende Beitrag setzt sich mit der Erziehung von kriminellen Jugendlichen in Luxemburg auseinander und verfolgt auf welcher juristischen und konzeptuellen Ebene in Luxemburg dem Phänomen Jugendkriminalität begegnet und die Prävention auf tertiärer Ebene gestaltet wird. Im vorliegenden Aufsatz wird sich mit den situativen Bedingungen der Prävention von Jugendkriminalität in Luxemburg am Beispiel des *Centre socio-éducatif de l'Etat* (staatliches Erziehungsheim; in Folge „CSEE") befasst. Es wird über den präventiven Umgang mit Jugendkriminalität berichtet und somit ein in Luxemburg eher unerforschtes Themengebiet angeschnitten. Im Folgenden wird der Frage nachgegangen, wie das Konzept und die pädagogische Arbeit im Umgang mit Kinder- und Jugendkriminalität im CSEE aussehen. Um die Institution systematisch zu erfassen und im Kontext des gesamten Jugendschutzsystems zu betrachten, erfolgt dieses Vorhaben indem das Jugendschutzgesetz beleuchtet wird, welches den Umgang mit Jugendkriminalität in Luxemburg definiert. Anschließend erfolgt die Darstellung des Konzepts anhand bestehender Literatur und dessen Analyse mithilfe von Forschungsergebnissen aus einem Experteninterview.

2   Forschungsstand

Aufgrund einer ersten Auseinandersetzung mit dem luxemburgischen Jugendschutzsystem im Hinblick auf Jugendkriminalität erfolgte eine[1] fundierte Recherche zu den tertiären Präventionsmaßnahmen in Luxemburg[2], was den Blick unausweichlich auf die staatlichen Erziehungsheime (die sich u.a. krimineller Jugendlicher annehmen) lenkte. Es existierten lediglich vereinzelte Artikel, die sich mit der Thematik Jugendschutz/Jugendhilfe auseinandersetzten oder auf die Situation krimineller Jugendlicher im Strafvollzug aufmerksam machen, (wissenschaftliche) Beiträge zum Konzept des CSEE und zu dessen Rolle in dem ihn umrahmenden Jugendschutzsystem gibt es jedoch kaum. Demnach wird an dieser Stelle

---

[1] Jugendschutz und Jugendhilfe wurden bis dato in Luxemburg gesetzlich nicht klar voneinander abgetrennt (siehe Kap. 3).
[2] Ansätze tertiärer Prävention richten sich auf eine deutlich definierte Zielgruppe von bereits kriminell gewordener Jugendliche. Freiheitsentziehende Maßnahmen dürfen (aufgrund der Erkenntnis über negative Folgen stationärer Bestrafung) zu keinem Moment als Bestrafung von Bagatelldelikten verwendet werden (vgl. AKJ 1998, S. 87f.) und müssen stets ein letztes Mittel im Rahmen von Kriminalprävention bleiben (vgl. Ostendorf 2008, S. 549).

darauf hingewiesen, dass sowohl zu Themen des Jugendschutzes, der Jugendhilfe, des CSEE, zu Jugendkriminalität oder Jugendliche im Erwachsenenvollzug kaum Studien vorliegen und die öffentliche Diskussion geringfügig bleibt.

Die soeben erwähnte mangelhafte wissenschaftliche (fachliche) Diskussion wird 2003 bei Soisson (vgl. Soisson 2003, S. 34 und S. 36f.) und 2008 bei Peters et.al. (vgl. Peters, Hansen 2008, S. 35) aber auch im erstmals erschienenen „Handbuch der sozialen und erzieherischen Arbeit in Luxemburg" (Willems H. et.al. 2009) angesprochen:

> Nicht realisiert werden konnte ein Beitrag, der eine umfassende Darstellung des gesamten Bereichs der Heimerziehung beinhaltet und bspw. den Weg der Kinder und Jugendlichen in die Heimerziehung bzw. daraus heraus schildert. Auch zu den Erziehungsheimen („Centre socio-éducatif de l'Etat), einer weiteren speziellen Form der stationären Unterbringung in Erziehungsinstitutionen, konnte kein Beitrag realisiert werden. In Bezug auf eine Nachzeichnung der Geschichte der Besserungs- und Verwahrungsanstalten bis hin zur heutigen Diskussion um die geschlossene Unterbringung weist dieses Kapitel ebenfalls eine Lücke auf." (Willems H. et. al. 2009, S.760)

Aufgrund dessen wurde 2009 eine empirische Studie zur Informationsgewinnung über das Konzept des CSEE durchgeführt. Durch diese Bestandsaufnahme des CSEE und das ihn umrahmende Jugendschutzsystem, wird ein erster Versuch gestartet die Situation um den präventiven Umgang mit Jugendkriminalität in Luxemburg in Bezug auf die stationäre Unterbringung in staatlichen Erziehungsheimen zu erfassen. Das Experteninterview liefert weiterführende Informationen, die zur Darstellung und Analyse des Konzeptes sowie des Handlungsfeldes in dem das CSEE agiert, notwendig sind.

3   Jugendschutzgesetz

In Luxemburg begegnet der Gesetzgeber Kriminalität im Allgemeinen mit dem Strafrecht (franz. droit pénale). Das Strafrecht ist im Strafgesetzbuch (franz. code pénale) verankert, in dem Formen von Vergehen und juristische Sanktionen darauf festgelegt sind. Zusätzlich gibt es Spezialgesetzgebungen (franz. lois spéciales), denen u.a. das Jugendschutzgesetz angehört (vgl. Goniva 2009, S. 981f.).

Die heutige Diskussion um das Jugendschutzgesetz ist gekennzeichnet durch den Gedanken der Hilfestellung, weshalb es im Rahmen des Jugendschutzes künftig ein komplementäres Gesetz geben soll, welches sich auf die kindliche und familiäre Hilfestellung ausrichtet (vgl. Peters/Hansen 2008, S. 12ff.). Allgemein gesprochen legt das Jugendschutzgesetz vom 10. August 1992 fest, welche Maßnahmen im Sinne eines Kindes und Jugendlichen zu treffen sind. Es sichert zugleich die Vorgänge im Falle einer Kindeswohlgefährdung, d.h. den Umgang mit Kinder und Jugendlichen die durch Faktoren moralischer oder psychischer Art bedroht sind als auch den Umgang mit Delinquenz (vgl. Meyers/Schenk 1997, S. 80). Maßnahmen, die vom Jugendgericht eingeleitet werden, enden in der Regel mit dem 18. Lebensjahr, außer in bestimmten, vom Gesetz festgelegten

Fällen (vgl. Becsky/Muller 2000, S. 50). Das Jugendgericht kann Schutzmaßnahmen, Erziehungsmaßnahmen oder Aufsichtsmaßnahmen einleiten. Je nach Umständen beinhalten diese Maßnahmen- den Jugendlichen zu tadeln, wobei der Verbleib in der Familie angestrebt wird. Es kann ein Erziehungsbeistand eingesetzt werden; der Jugendliche kann unter die Aufsicht einer vertrauensvollen Person oder Institution gestellt werden. Des Weiteren besteht die Möglichkeit dem Jugendlichen einen Platz in einer seinen Bedürfnissen entsprechende Institution im Ausland zu besorgen. Die letzte Maßnahme ist es den Jugendlichen in ein staatliches Erziehungsheim einzuweisen (vgl. Mémorial N°70 Art.1 1992, S. 3).Stellt sich eine übliche Maßnahme im Sinne des Schutzes, der Aufsicht oder Erziehung als unangemessen heraus, kann der Jugendliche als Folge seines schlechten Benehmens (franz. mauvaise conduite) und bedrohlichen Verhalten im Erwachsenstrafvollzug inhaftiert werden (vgl. ebd., Art.6, S. 4). Eine Maßnahme kann dann eingeleitet werden, wenn dem Jugendgericht einer der folgenden Gründe vorliegt- Schulschwänzen, Unzucht, Glücksspiel, Illegale Bereicherung durch Handel, Prostitution, Betteln, Landstreicherei, Kriminalität, oder wenn die physische und/oder mentale Gesundheit sowie die erzieherische, soziale und moralische Entwicklung des Jugendlichen gefährdet ist (vgl. ebd., Art.7, S. 4). Die gesetzlichen Rahmenbedingungen erlauben es dem Jugendrichter lediglich, Jugendliche mit sofortiger Wirkung in ein *staatliches Erziehungsheim* (CSEE- Centre socio-éducatif de l'Etat) oder in *staatliche Kinderheime* (MEE- Maison d'enfants de l'Etat) einzuweisen (vgl. Schmit 2009, S. 773f.).

Dementsprechend bleibt die Frage wie der Umgang mit Jugendkriminalität in Bezug auf das Jugendschutzgesetz konkret aussieht. Ab 18 Jahren gilt ein Heranwachsender als volljährig und ist folglich verantwortlich für seine Handlungen im Sinne der Strafmündigkeit und seiner Bürgerrechte. Folglich werden ab diesem Zeitpunkt alle Delikte vor dem gewöhnlichen Tribunal verhandelt. Jedes Delikt vor dem 16. Lebensjahr fällt in den Verantwortungsbereich des Jugendgerichts. In diesem Fall können Aufsichtsmaßnahmen, Schutzmaßnahmen und erzieherische Maßnahmen eingeleitet werden (vgl. CJI (o.J), S. 33). Ab dem 16. Lebensjahr begangene schwere Delikte können vor einem Strafgericht verhandelt werden (vgl. Becsky/Muller 2000, S. 13; vgl. Goniva 2009, S. 984) und die in Zwischenzeit volljährig gewordenen delinquenten Jugendlichen können vom Strafgericht nach dem Strafrecht (franz. droit pénale) belangt werden (vgl. Goniva 2009, S. 984).

Die letzte Maßnahme, die das Jugendschutzgesetz in Art.1 vorsieht, ist eigentlich die Einweisung in ein staatliches Erziehungsheim. Wenn diese Maßnahme scheitert, bleibt die Möglichkeit, den Jugendlichen in eine Disziplinarabteilung des Staatsgefängnisses (Erwachsenenvollzug) nach Art. 6 des Jugendschutzgesetzes einzuweisen (vgl. Meyers, Schenk 1997, S. 88). Aus der Sicht des Gesetzgebers wird ein Kind oder Jugendlicher als verantwortungslos auf strafrechtlicher Ebene betrachtet (vgl. Goniva 2009, S. 984). Laut Goniva stehen im Umgang mit Jugendkriminalität in Luxemburg Präventionsmaßnahmen im Vordergrund, die durch den Präventionsgedanken im Art.7 des Jugendschutzgesetzes verankert sind. Das Jugendgericht sowie die Staatsanwaltschaft, welche das Ziel des präventiven Handelns verfolgen, können schon eingreifen, wenn dem Jugendlichen ausreichend nachgewiesen wurde, dass er in Gefahr steht, sich in Zukunft delinquenten Handlungen hinzugeben und in die Delinquenz abzurutschen. Das Jugendschutzgesetz spricht nicht von Strafmaß oder Bestrafung, sondern von einer Reaktion auf ein Delikt im Sinne einer Maßnahme. Bei der Maßnahmenfindung werden sowohl individuelle Faktoren als auch familiäre Konstellationen in Betracht gezogen (vgl. ebd., S. 984f.). Sie sollen die Jugendlichen dazu bringen, ihren Platz in der Gesellschaft außerhalb der Delinquenz zu finden. Die Delinquenz soll durch die flexible Gestaltung eines Falls abnehmen und damit eine erfolgreiche Resozialisation herbeiführen (vgl. ebd., S. 986).

Seligmann verurteilt das Gesetz, da es vor allem bei delinquent gewordenen Jugendlichen eine Vorgehensweise erlaube, die das Alter des Jugendlichen berücksichtigt, aber nicht das bedrohte Kind schützt (vgl. Seligmann 1998, S. 96). Das Jugendschutzgesetz sieht sich aber auch dem Vorwurf ausgesetzt, ein Wächteramt mit paternalistischen Zügen zu sein, das in seinen Interventionen durch das Jugendgericht zu sehr auf Richtlinien des Schutzes, der Kontrolle, des Tadels und der Mahnung beharrt. Problematisch sei die enge Einbindung der Justiz, die eine adäquate pädagogisch-psychologische Betrachtung der Fälle verhindere. Dies führe wiederum zu zahlreichen gerichtlich angeordneten Einweisungen. Das luxemburgische System fahre also nicht zweigleisig, was Hilfe und Strafe anbelangt, sondern behandelt alle Problemlagen nach denselben Prinzipien. Unter Fachleuten werde sich teils gegen das Gesetz ausgesprochen und der Erfolg dieses schützenden Systems in Frage gestellt. Begründet werde dies mitunter durch die Tatsache, (Peters/Hansen 2008, S. 12f.), „dass ein guter Teil der Insassen des Gefängnisses in Schrassig vorher Opfer der betreuenden Aufmerksamkeit des Staates war" (Forum 2001:15, zit. n. Peters/Hansen 2008, S. 13).

In dem neuen Kinder- und Familienhilfegesetz des 16. Dezember 2008, das das Ziel der Schaffung eines *Office national de l'enfance* (ONE)[3] verfolgt (vgl. Du Bois 2009, S. 27; Mémorial A-N°192 2008), könnte so die Experten ein erster Ansatz gesehen werden, dass Hilfe und Strafe in Zukunft besser voneinander abgegrenzt würden (vgl. Peters/Hansen 2008, S. 14).

Mit Blick auf die staatlichen Erziehungsheime CSEE und dem Vorgehen des Jugendschutzgesetzes bleibt festzuhalten, dass theoretisch laut Jugendschutzgesetz sowohl delinquente Jugendliche als auch Fälle mit anderen Problematiken in einem staatlichen Erziehungsheim aufeinander treffen können. Und wie bereits angedeutet wird der Justiz in diesem Entscheidungsprozess eine große Rolle zugeschrieben. So lässt sich die Aussage von Andrich-Duval von 2003 heranziehen, um die vorherigen Zeilen zu belegen. Sie schreibt:

Kinder und Jugendliche, die ausgesprochen starke Verhaltensstörungen aufweisen, werden in den sozio-edukativen Zentren des Staates betreut. In diesen Zentren werden auch jene Jugendliche aufgenommen, die sich unter disziplinarischen Gesichtspunkten einer strengen Ordnung unterwerfen müssen (Andrich-Duval 2003, S. 46f.)

---

[3] „Die Luxemburger Kinder- und Jugendhilfe vollzieht momentan einen einschneidenden Wandel. Das bisherige System wird - bedingt durch eine neue Gesetzgebung [...] In diesem Zusammenhang hat das Familienministerium und das daran angegliederte, neu geschaffene landesweite Jugendamt die Idee, eine Querschnittserhebung aller stationären Kinder- und Jugendhilfefälle des Landes durchzuführen." (IKJ 2011, o.S.)

Und mit Blick auf das neue Kinder- und Familienhilfegesetz argumentiert Peters (2009) weiterhin:

> Gerade was ‚schwierige' Kinder angeht, stößt das luxemburgische System seit Jahren an Grenzen (Stichwort: Auslandsüberweisungen, Schulverweigerung, schulische Integration von Kindern mit besonderem Förderbedarfs, delinquente und gewaltbereite Jugendliche), die der Analyse bedürften und nicht alleine mit einer unkoordinierten Ausweitung von Angeboten beantwortet werden können. Die nur defensiv (Welchem Ort kann man eine solche Einrichtung zumuten?) geführte Diskussion um die ‚unité de sécurité', in der fachliche Beiträge über ‚Erziehung unter Zwang' und ‚geschlossene Unterbringung und ihr Alternativen' völlig fehlen, ist ein weiteres Beispiel für die anstehenden Aufgaben. Es werden – so scheint es – in Ermanglung besseren Wissens und zur Beruhigung der Kritik, Nothalte gesucht, die sich schon in der Bauphase als wenig tragfähig erweisen (Peters 2009, S. 30).

Damit hat Peters unter anderem die Einrichtung der staatlichen Erziehungsheime (CSEE) sowie den Bau einer geschlossenen Einheit (siehe Kap. 4.6) angesprochen. Soisson weist im Hinblick auf das Jugendschutzgesetz darauf hin, dass es ein Skandal ist, dass Jugendliche zeitweise in der Strafanstalt für Erwachsene eingesperrt werden (vgl. Soisson 2003, S. 36) und erwähnt, dass die Regierung aufgrund internationaler und nationaler Forderungen beschlossen hat eine geschlossene Abteilung, in der Platz für 12 Insassen sei, auf dem Gelände des CSEE zu errichten (vgl. ebd., S. 36).

Die Diskussion dieser Problemstellung findet nur in einem sehr beschränkten Rahmen statt (vgl. ebd., S. 36). Gefordert wird unter anderem „die Möglichkeit des unterschiedlichen pädagogischen und strafenden Umgangs mit Opfern und jugendlichen Tätern und die Absicherung von Strafen im Kontext eines Jugendstrafrechts, was bisher in Luxemburg fehlt" (ebd., S. 34). Aufgrund dieser gesetzlichen Darstellung des Umgangs mit Jugendkriminalität in Luxemburg erweist es sich als sehr interessant im folgenden Kapitel zu erforschen wie das Konzept eines CSEE aussieht und welche Vorgehensweisen das CSEE im Umgang mit u.a. delinquenten Jugendlichen pflegt.

4 Konzept des CSEE

Die gesetzliche Grundlage für das bestehen und das Handeln des CSEE geht neben ministeriellen und großherzoglichen Reglungen auf das Jugendschutzgesetz (vgl. Mémorial N°70 1992) und das Gesetz zur Reorganisation der staatlichen Erziehungsheime (vgl. Mémorial N°130 2004) zurück. Es gibt drei ministerielle Träger: das Familien- und Integrationsministerium, das Justizministerium und das Ministerium für Bildung und Erziehung (vgl. ebd., Art.4, S. 1882). Auf externer Ebene gibt es eine *Überwachungs- und Koordinationskommission* (franz. commission de surveillance et de coordination), die aus drei Vertretern der unterschiedlichen Träger besteht (vgl. ebd., Art.5, S. 1883) und ein *Quality audit group*[4] (vgl. Règlement grand-ducal B/6 1993, S. 786).

Laut vorhandener Literatur ist das CSEE eine halb-offene Einrichtung die delinquente Jugendliche und Jugendliche mit schweren Verhaltensstörungen aufnimmt. Es sind Jugendliche, die schwere psycho-soziale Schwierigkeiten und ein „destrukturiertes" Verhalten aufzeigen (vgl. Meyer, Schenk 1997, S. 127; ORK 2003, S. 41). Ein zentraler Punkt ist die Verpflichtung jeden Minderjährigen aufzunehmen, der ihm per Gerichtsbeschluss von den Justizautoritäten anvertraut wird (vgl. Mémorial N°130 Art.1 2004, S. 1882), d.h. die Justiz kann mit sofortiger Wirkung eine Aufnahme im CSEE anordnen und weitere Handlungsschritte innerhalb und außerhalb der Institution werden durch gesetzliche Vorgaben geleistet (vgl. Schmit 2009, S. 774f.).

Der Auftrag (Mission) des CSEE besteht erstens darin, die sozial-erzieherische Aufnahme (vgl. Mémorial N°130 Art.1 2004, S. 1882), den Auftrag zur therapeutischen Assistenz (ebd., Art.2, S. 1882), den Auftrag zum sozial-erzieherischen Unterricht (ebd., Art.2, S. 1882) und den Aufsichts- und Schutzauftrag (ebd., Art.2, S. 1882) zu gewährleisten. Die Aufträge werden von den sozial-erzieherischen Internaten (Dreiborn/Schrassig), einer Sicherheitsabteilung, einer Abteilung für betreutes Wohnen, einem psycho-sozialen Dienst, einer sozial-pädagogischen Weiterbildungsabteilung und der Administration gewährleistet (vgl. ebd., Art.3, S. 1182). Ein wichtiger Bestandteil der Institution ist, wie das Experteninterview und die Jahresberichte verdeutlichen, die Kooperation mit den Autoritäten und Einrichtungen im In- und Ausland (vgl. CSEE 2009, S. 239; vgl. CSEE 2010, S. 293).

4.1 Konzeptionelle Regelungen

Für das Gesamtverständnis des CSEE-Konzeptes sind dessen Regelungen, die den Alltag strukturieren und vorgeben wie die Jugendlichen sich zu verhalten haben von äußerster Wichtigkeit, da sie den pädagogischen Alltag umrahmen und sich jedes Mitglied im Internat (Erzieher, Lehrperson, Köche, Reinigungspersonal, Kinder, Jugendliche usw.) daran zu halten hat. Des Weiteren existiert eine Hausordnung für den Schulbesuch in der internen Schule des CSEE, welche Regeln und Konsequenzen während des Unterrichts beschreibt. Ebenso gibt es Richtlinien für das Personal, die zum Ziel haben Werte zu vermitteln und die Arbeit einheitlich zu strukturieren (vgl. CSEE 2003).

4.2 Das sozial-erzieherische Internat

Das sozial-erzieherische Internat besteht aus den Standorten in Dreiborn, wo die Jungen leben und Schrassig wo die Mädchen leben. Das Internat in Dreiborn beherbergte im Laufe des Jahres 2009 153 minderjährige Jungen (vgl. CSEE 2010, S. 286). Das Internat in Schrassig beherbergte im Laufe des Jahres 2009 115 minderjährige Mädchen (vgl. ebd., S.

---

[4] Die Mitglieder dieser Quality audit-group werden von der Überwachungs- und Koordinationskommission vorgeschlagen und vom Familien und Integrationsminister eingestellt (vgl. Règlement grand-ducal B/6 1993,S.786).

287). Die Aufenthaltsdauer eines auf Beschluss der juristischen Autoritäten dem CSEE zugewiesenen Kindes oder Jugendlichen ist; bis die Autoritäten weitere Entscheidungen treffen, auf unbestimmte Zeit bis zum 18. Lebensjahr festgelegt (vgl. ebd., S. 286).

Eine hohe Bedeutung kommt der Neuaufnahme eines Kindes oder Jugendlichen im Internat zu. Sie müssen zwei Tage im Internat verbringen, um sich mit den Regeln vertraut zu machen, Organisatorisches zu erledigen sowie die Umgebung und die Leiter aller Abteilungen kennen zu lernen (vgl. CSEE 2003, S.3 und S. 9). Es gibt i.d.R. jeweils zwei Wohngruppen (A/B) in denen die jüngeren Bewohner von den älteren Bewohner getrennt werden. Der Alltag im Internat verfolgt einen geregelten Tagesablauf, welcher vom Weckruf bis zur Nachtruhe hin durchstrukturiert und reglementiert ist. Dieser soll den Jugendlichen wie im Interview ersichtlich wird Orientierung bieten (vgl. CSEE 2003). Nach der Schule besuchen die Jugendlichen die Hausaufgabenhilfe (vgl. ebd., S. 9f.).

Während der Freizeit sollten jeden Wochentag zwei Aktivitäten von den diensthabenden Erziehern auf dem Gelände angeboten werden. Jeden Dienstag, Mittwoch oder Donnerstag sollte eine auswärtige Aktivität in der jeweiligen Gruppe stattfinden. Jeder Erzieher kann fünf Bewohner zu einer Aktivität außerhalb des CSEE mitnehmen. Bewohner ohne Ausgang können freitags mit zur Einkaufsaktivität fahren. Jeden Montag findet in der Gruppe B eine Versammlung zur Wochenbesprechung statt (vgl. ebd., S. 11) und weiterhin besteht ein Bezugsbetreuersystem, was durch eine Bezugsperson (franz. répondant), die als persönliche Kontaktperson für einen Jugendlichen gilt, gekennzeichnet ist. (vgl. ebd., S. 13). Darüber hinaus gibt es ein Punktesystem, eine Dokumentation, in dem das Verhalten des Jugendlichen durch Punkte auf einer Skala von 0-5 bewertet wird. An diesem Punktesystem sind alle Abteilungen des CSEE beteiligt. Die Beurteilung dieses Punktesystems reglementiert die Erlaubnis der Besuche, der Ausgänge und der Wochenenden der Bewohner. Bei 0 wird wegen eines schweren Vergehens gegen die Regeln eine Strafe erteilt. Bei 5 erhält der Jugendliche eine Belohnung für sein ausgezeichnetes Verhalten. Die Erzieher müssen ihre Punkteverteilung in einem dafür eingerichteten Ordner begründen und mit Kürzel signieren (vgl. ebd., S. 7).

4.3 Institut für sozial-erzieherischen Unterricht

Das Schulangebot besteht aus verschiedenen Werkstätten, Optionskursen, Maßnahmen zur beruflichen Reintegration, dem Unterricht der vorbereitenden Klassen (franz. régime préparatoire) und dem unteren Zyklus des technischen Sekundarbereichs (franz. enseignement secondaire technique)[5]. Somit gibt es verschiedene Klassentypen, die Förderklassen, die vorbereitenden Klassen, Klassen des unteren Zyklus des technischen Sekundarbereichs, Klassen zur sozial-professionellen Einführung, die individualisierten Klassen und den Unterricht in der geschlossenen Abteilung. Der Unterricht des CSEE sieht sich mit diversen Schwierigkeiten konfrontiert. Er ist dadurch gekennzeichnet, dass ganzjährlich neue Schülerinnen und Schüler aufgenommen werden können, die unterschiedli-

---

[5] Im luxemburgischen Jugendbericht 2010 sind nähere Informationen zum Bildungssystem enthalten (vgl. Ministère de la Famille et de l'Intégration 2010, S.51)

chen Alter sind, die in ihren kognitiven Fähigkeiten (Entwicklungsständen und Bildungs-graden) divergieren und psycho-soziale Schwierigkeiten mit sich bringen (vgl. IES/CSEE 2007, S. 9-18; vgl. CSEE 2009, S. 234; vgl. CSEE 2010, S. 289). Der individualisierte Unterricht besteht aus einer individuellen Herangehensweise eines jeden Schülers Die Arbeit des IES, das eng mit dem sozial psychologischen Dienst (franz. service psycho-sociale) zusammenarbeitet lehnt sich eng an das sozial-erzieherische, psycho-therapeutische Projekt des Jugendlichen an.

Eine wichtige Charakteristik des Unterrichts ist, wie auch später in den Ergebnissen des Experteninterviews hervorgehoben wird, die „Pädagogik des Erfolges", die darauf gründet, dass die bisherige Schullaufbahn der Jugendlichen meist durch Misserfolg und Ablehnung gekennzeichnet ist. Ein ausschlaggebender Baustein dieser Pädagogik ist die Motivation (vgl. CSEE 2009, S. 234; vgl. CSEE 2010, S. 289), ein strenger Rahmen, der Platz für positive Erfahrungen zulassen soll (vgl. IES/CSEE 2007, S. 4), sowie ein modul-arisiertes Unterrichtssystem und regelmäßige Evaluationen mit den Jugendlichen (vgl. CSEE 2009, S. 234; vgl. CSEE 2010, S. 289). Der Schwerpunkt der Arbeit richtet sich auf den Erwerb sozialer und beruflicher Fähigkeiten, d.h. Schlüsselqualifikationen, um das Ziel der Reintegration in eine externe Schule zu erreichen. Ein weiterer Schwerpunkt wird auf die Aufnahme gelegt um etwaigen Stigmatisierungseffekten zu begegnen (vgl. IES/CSEE 2007, S. 5). Die einzelnen Module werden laufend angepasst, dokumentiert und orientieren sich inhaltlich an dem luxemburgischen Schul- und Ausbildungssystem. Die Bewertung der Module erfolgt über interne Zertifikate, die am Ende des Trimesters als Basis dazu dienen, ein allgemeingültiges Zeugnis mit einer extern kooperierenden Schule zu erstellen (vgl. ebd., S. 7f.).

4.4 Sozial-psychologische Dienststelle

Die sozial-psychologische Dienststelle (*Service psycho-sociale; in Folge „SPS"*) sollte medizinisch-soziale, psycho-pädagogische Profile und sozial-erzieherische psycho-therapeutische Projekte der Jugendlichen erstellen. Dies beinhaltet, therapeutische Sitzungen in die Wege zu leiten, den Jugendlichen und die Familie zu begleiten, Kontakte zu anderen Institutionen herzustellen, einen Beitrag zur Analyse des CSEE zu leisten (vgl. Règlement ministeriel 1993, S. 786; vgl. CSEE 2010, S. 288) und Berichte über die Entwicklung des Jugendlichen für das Jugendgericht zu schreiben. Es arbeiten hier drei Psychologen, eine Krankenschwester und ein Sozialarbeiter, die die Jugendlichen auf sozialer, gesundheitlicher, psychologischer und therapeutischer Ebene begleiten (vgl. CSEE 2009, S. 233; vgl. CSEE 2010, S.288). Darüber hinaus nimmt das SPS teil an den wöchentlichen Versammlungen des Internats und stehen dem betreuenden Personal der Jugendlichen unterstützend zur Seite. Ebenso kommt das SPS ein Mal die Woche zusammen und trifft sich des Weiteren ein Mal die Woche mit dem Direktor und den Leitern des Internats und der Schule (vgl. CSEE 2010, S. 289). Ein weiteres Element des CSEE ist das betreute Wohnen (Mémorial N°130, S. 1882). Wenn ein Jugendlicher z.B. über eine Beurlaubungsmaßnahme verfügt sichert das SPS in Zusammenarbeit mit den Diensthabenden des Projektes Follow-

Up[6] die Nachbetreuung (vgl. CSEE 2010, S. 288). Im Jahr 2010 wohnten zwei Mädchen in den Wohnungen des CSEE und wurden von der Dienstleistung Follow-UP betreut (vgl. ebd., S. 291).

4.5 Sicherheitsmaßnahmen

Ein weiterer Bestandteil des CSEE sind die Sicherheitsmaßnahmen, welche sich daraus ergeben, dass dem CSEE die Aufgabe des Schutzes und der Aufsicht zukommt, welche durch das Gesetz durch Sicherheits- und Disziplinarvorschriften (Art. 9, 10) untermauert werden. Alle Disziplinarmaßnahmen können nur vom Direktor oder seinem Stellvertreter genehmigt werden und sind sofort dem Jugendgericht und der Überwachungskommission zu melden (vgl. Mémorial N°130, Art.9, 10, S. 1883f.; Règlement grand ducal, Art. 3, 10 1992, S. 2350f.). Der Jugendliche hat u.a. die Möglichkeit schriftlich Einspruch gegen die Isolationsmaßnahme einzulegen und mit dem Personal oder dem Direktor zu sprechen. Weiterhin gibt es Vorschriften wie eine Isolationsmaßnahme zu gestalten ist (vgl. Mémorial N°130, Art.9, 10 2004, S. 1883f.; Règlement grand ducal, Art.3, 10 1992, S. 2350f.; vgl. CSEE 2003, S. 10).

4.6 Sicherheitseinheit

Ganz aktuell in der Diskussion ist der Bau einer neuen Struktur auf dem Gelände des CSEE innerhalb des Konzeptes: die Sicherheitsabteilung (unité de sécurité). Dieser Bau steht seit 1992 in der Diskussion. 2002 wies das CPT (Europäisches Komitee zur Verhütung von Folter und unmenschlicher oder erniedrigender Behandlung oder Strafe) darauf hin, dass dem Projekt höchste Priorität eingeräumt werden müsse (vgl. ORK 2003, S. 41). Obwohl sich das *Ombuds-Komitee für die Rechte vom Kind* (ORK) gegen eine Sicherheitsabteilung auf dem Gelände des CSEE aussprach (vgl. ORK 2003, S. 45; ORK 2005, S. 27), wird die geschlossene Sicherheitsabteilung auf dem Gelände und innerhalb des Konzeptes des CSEE errichtet (vgl. Boevinger 2003, S. 85). Die Maßnahme geschlossener Abteilung kann nur auf richterlichen Beschluss hin erfolgen. In der geschlossenen Abteilung werden höchstens 12 Insassen aufgenommen und sie kann nicht länger als drei Monate ohne weiteren richterlichen Beschluss andauern (vgl. Mémorial N°130 Art.3, 2, 11 2004, S. 1882 ff.).

5   Analyse der Ergebnisse zum Konzept und der pädagogischen Arbeit des CSEE

Die Forschung, d.h. der empirische Teil, wurde anhand eines Experteninterviews durchgeführt. Ausschlaggebend für dieses Vorgehen ist der ermittelte Forschungsstand welcher zeigte, dass es bis heute keine wissenschaftlichen Berichte/Dokumentationen zum CSEE

---

[6] Diese Dienststelle hat den Auftrag die Jugendlichen zu betreuen, wenn sie im betreuten Wohnen des CSEE aufgenommen werden (vgl. CSEE 2010, S. 291; Association EPI 2011 o.S.).

gibt. Deshalb erwies es sich als zwingend notwendig, weitere Informationen zum bestehenden Konzept, d.h. über das System, den Inhalt und die Struktur des CSEE anhand der Studie zu ermitteln. Die Studie über das CSEE gründet auf den Tatsachen, dass das CSEE laut Jugendschutzgesetz als Einrichtung zwingend kriminelle Jugendliche aufnehmen muss und um die jetzige Situation des Konzeptes vor weiteren anstehenden baulichen sowie strukturellen Änderungen durch den Bau der Sicherheitsabteilung (franz. unité de sécurité) zu erfassen.

Das CSEE hat schon in der Vergangenheit „noch nicht delinquent gewordene und delinquente Jugendliche" (Bosseler 1967, S. 201) betreut. Heute, so konnte bei der Erarbeitung des Konzeptes festgestellt werden, wird von delinquenten Jugendlichen, Jugendlichen mit schweren Verhaltensstörungen oder mit psycho-sozialen Schwierigkeiten, die u.a. „destrukturierte" Verhaltensweisen aufweisen, gesprochen (vgl. Schenk, Meyers 1997, S.127; ORK 2003, S.41). Tiefgreifendere Informationen zur Zielgruppe liefert das Interview, welches zeigt, dass die Jugendlichen durch den Zwangscharakter der Maßnahme charakterisiert sind. Die Einweisungsgründe sind vielfältig und überschneiden sich mit denen, die im Jugendschutzgesetz aufgelistet sind. So handelt es sich meist um mehrere Gründe die zu einer Einweisung führen. Laut Experte betreut das CSEE in erster Linie Jugendliche, bei denen alle vorherigen Maßnahmen gescheitert sind. Sie können sowohl im Sinne einer Schutzmaßnahme als auch im Sinne einer Erziehungsmaßnahme eingewiesen werden, was aber im konkreten Umgang mit den Jugendlichen nichts ändere. Aus diesem Grund ist es wichtig zu erwähnen, dass im Interview nicht von kriminellen Jugendlichen oder Jugendkriminalität die Rede ist, sondern von „Verhaltensoriginellen/-auffälligen" gesprochen wird, weil die Jugendlichen im CSEE nicht kriminell seien. An dieser Stelle sei aber angemerkt, dass aufgrund der Kooperation mit dem Strafvollzug sehr wohl ersichtlich wird, dass das CSEE delinquente Jugendliche betreut. Jugendliche können aus dem Strafvollzug in das CSEE zurück und auch umgekehrt können vom CSEE auch Jugendliche in den Strafvollzug eingewiesen werden.

Die Ergebnisse des Interviews zeigen, dass die Aufträge des Gesetzes die Arbeit des CSEE umrahmen. Ziel sei es den Jugendlichen vor einem endgültigen Abrutsch in die Delinquenz zu bewahren, was vor allem das Ziel der Erziehung, der psychologischen Betreuung und der Reintegration beinhalte. Zunächst soll die Bereitschaft des Jugendlichen geweckt werden die Maßnahme anzunehmen, um ein individuelles Projekt für den Jugendlichen zu erstellen. Ein weiteres Ziel, bezogen auf die Schule, ist die Vermittlung von pragmatischem und theoretischem Wissen, damit der Jugendliche in der Gesellschaft bestehen kann und lernt, Alltagsschwierigkeiten zu bewältigen. Damit ließe sich an dieser Stelle auf das Ziel der Selbstständigkeit schließen. Des Weiteren sollen die Jugendlichen durch die Arbeit des SPS zur Selbstreflexion angeregt werden und laut Experte intermediäre Momente entstehen, in denen eine Selbstreflexion über das eigene Verhalten stattfinden könnte.

Die Sicherheits- und Disziplinarbestimmungen, die sich durch den Schutz- und Aufsichtsauftrag ergeben, haben das Ziel, laut Interview, den Jugendlichen vor sich selbst und vor anderen Jugendlichen innerhalb des CSEE zu schützen. Und an dieser Stelle setze auch die Erziehung ein, da „ein Druck ausübender Jugendlicher dazu erzogen werden muss, dieses Verhalten zu unterbinden". Die Schutz- und Erziehungsmaßnahmen seien nicht voneinander zu trennen. Des Weiteren besteht laut Interview ein grundlegendes Ziel darin, auch oder vor allem, die Gesellschaft vor dem Jugendlichen zu schützen.

Das Leitbild verfolgt das Ziel eine Tür für die pädagogische Arbeit bei Jugendlichen zu öffnen. Grundlegend sei demnach die Erfahrung von Wertschätzung sowie, dass der Jugendliche sich von der Erwachsenenwelt angenommen fühle. Weiterhin liegt eine hohe Bedeutung in der Strenge im Alltag, durch den strukturierten Tagesablauf. Dieser soll dem Jugendlichen Orientierung bieten um am Alltagsgeschehen partizipieren zu können. Dem Jugendlichen sollen Basiskenntnisse vermittelt werden und er soll eingebunden sowie ständig beschäftigt werden. Ebenso ist das pädagogische Konzept identisch für die Strukturen in Dreiborn (Internat für Jungen) und Schrassig (Internat für Mädchen). Die interne Schule beider Geschlechtsgruppen befindet sich auf dem Gelände des CSEE.

Was die theoretische Fundierung anbelangt so liefert die Darstellung des Konzeptes keine direkten Hinweise auf ein spezifisch pädagogisch theoriegeleitetes Handeln. Dies bezüglich wird an dieser Stelle kritisiert, dass einzig im Rahmen des Schulunterrichtes die Rede von der „Pädagogik des Erfolges" ist, jedoch ohne differenzierte Darstellung eines theoretischen Fundamentes. Der Experte berichtet zum einen, dass das CSEE auf vielfältige Theorien unterschiedlicher Disziplinen zurückgreift und zum anderen, dass in erster Linie dem gesunden Menschenverstand eine bedeutende Rolle im CSEE zukommt. Die „Pädagogik des Erfolges" ist ein Element des Konzeptes, das laut Experte dem CSEE vor allem Handlungsmöglichkeiten im Rahmen der schulischen Arbeit und den Werkstätten bietet und sie wird im Konzept vor allem auf das schulische Vorgehen bezogen. Aus den Ergebnissen des Interviews könnte geschlossen werden, dass die „Pädagogik des Erfolges" sich dennoch mehr oder weniger in alle Abteilungen des CSEE ausweitet, allerdings gibt es laut Experten auch hier kein theoretisches Fundament. Es ist demnach nicht die Rede von einem explizit theoretischen Fundament und dennoch ist zu erkennen, dass die konkrete Arbeit des CSEE sich an unterschiedlichen theoretischen Konzepten anlehnt. Im Hinblick auf die explizit komplexe Arbeit mit unterschiedlichsten Zielgruppen und insbesondere dem Phänomen Jugendkriminalität, derer sich der CSEE konfrontiert sieht, bleibt festzuhalten, dass eine theoretische Basis oder Anlehnung an ein theoriegeleitetes Handeln innerhalb des Konzeptes, als ein erster Schritt zu erfolgreichem Handeln gewertet werden könnte.

Aus den Informationen des Interviews geht hervor, dass das CSEE auf methodischer Ebene – wie bereits in der Darstellung der Abteilung SPS ersichtlich wurde – für jeden Jugendlichen ein pädagogisches Projekt d.h. ein „individuell sozial-erzieherisches und therapeutisches Projekt" ausarbeitet, welches von den Leitern des Internates und der Schule umgesetzt wird. Verglichen mit den Informationen aus der Darstellung des Konzeptes handelt es sich demnach um das „medizinisch sozial psychopädagogische Profil und ein sozialerzieherisches psychotherapeutisches Projekt" (siehe Kap. 4.4) was die Arbeit mit dem Jugendlichen charakterisiert. Aus den gewonnen Informationen geht hervor, dass ein bedeutender Schwerpunkt der pädagogischen Arbeit auf diesem Projekt liegt und die Erstellung des Profils dient laut Interview im späteren Verlauf dazu, dem Jugendlichen eine ihm entsprechende Institution auszusuchen.

An dieser Stelle bleibt zu erwähnen, dass das CSEE, wie schon im Konzept betrachtet, ein großes Netzwerk zu anderen Institutionen aufbaut. Im Interview wurde verdeutlicht, dass ein Schwerpunkt auf der gut ausgebauten Kooperationsarbeit liegt und dies weit über die Grenzen Luxemburgs hinaus. Laut Experten kommt die Zusammenarbeit mit Institutionen im Ausland zustande, weil in Luxemburg ungenügend spezifische Angebote existieren, vor allem auf therapeutischer Ebene.

Neben der Erstellung des Projektes durch den SPS ist diese Einheit zuständig, die Familie und den Jugendlichen auf sozialer, gesundheitlicher und therapeutischer Ebene zu begleiten, sie führen aber keine Therapien durch. Es wird sowohl durch das Interview als auch durch das Konzept ersichtlich, dass mehrmals die Woche Besprechungen mit dem Personal und dem Leiter stattfinden. Durch die Analyse des Konzeptes und des Interviews zeigt sich, dass es keine deutlichen Befunde bezüglich der genauen Aufgaben der Erzieher gibt. Man kann davon ausgehen, dass die Erzieher für die Einhaltung des strukturierten Tagesablaufes und das Einhalten der Regeln zuständig sind. Allerdings wäre das zu kurz gegriffen. Die Erzieher haben, wie die Darstellung des Konzepts zeigt u.a., die Aufgabe, täglich Aktivitäten anzubieten und sind für einzelne Jugendliche die Bezugsperson.

Ebenso wird auf methodischer Ebene die Nachbetreuung erwähnt. Wie zuvor aufgezeigt in Kap. 4.4 gibt es die Leistungen der Assoziation EPI durch das Projekt Follow-Up, welches die Nachbetreuung sichert und weiterhin wird im Interview erwähnt, dass eine telefonische Nachbetreuung mit dem Strafvollzug bestehen kann.

Was die Hilfsmittel anbelangt, so hat das Interview die bereits erwähnten Hilfsmittel in der Darstellung des Konzeptes noch einmal hervorgehoben. So spricht der Experte von Hilfsmitteln wie Strafe, Strenge, Belohnung und Regeln oder das extreme Mittel des Wegsperrens. Dabei ist besonders beim Wegsperren anzumerken, dass es wünschenswert wäre, nachvollziehbarer darzustellen aus welchen Gründen und wie lange die Jugendlichen in der Isolationsmaßnahme verblieben sind.

Wie bereits im Konzept erwähnt gibt es im Rahmen des Begriffs Evaluation die *Überwachungs- und Koordinationskommission* und des Weiteren ist die Rede von einer *Quality audit group*. Aus dem Interview geht hervor, dass diese zwei Instanzen das CSEE evaluieren und auch eine Selbstevaluation stattfindet. Nähere Informationen zur Auswertung der Arbeit dieser zwei Gruppen sind nicht vorhanden, da keine Berichte über ihre Arbeit vorliegen (zumindest keine öffentlich zugänglichen). Weiter wird erwähnt, dass das CSEE an einer Studie der Universität Luxemburg teilgenommen hat – ausführlichere Informationen über diese Studie liegen aber nicht vor. Und das CSEE wird regelmäßig vom CPT (Europäisches Komitee zur Verhütung von Folter und unmenschlicher oder erniedrigender Behandlung oder Strafe) Straßburg besichtigt. Es kann also nicht davon ausgegangen werden, dass das CSEE sich selbst überlassen ist aber es ist nicht möglich, diese Evaluationsarbeit mit den Ergebnissen des Evaluationsverständnisses kriminalpräventiver Arbeit zu vergleichen, da es sich aufgrund dieser Sachlage nur schwerlich um wirkungsorientierte systematische Evaluationsforschung handelt. Ebenso gibt es keinerlei Hinweise auf eine Rückfallquote. Aus dem Interview geht lediglich eine subjektive Schätzung hervor. Somit kann an dieser Stelle auch nicht weiter ermittelt werden, wo die Ursachen der Rückfälle liegen.

Aus dem Konzept geht hervor, dass das CSEE eine neue geschlossene Sicherheitsabteilung erhalten soll. Laut Interview soll diese Abteilung 2011 in Betrieb genommen werden. Sie bietet dem Richter die Möglichkeit, delinquente Jugendliche nicht mehr zwingend im Strafvollzug unterzubringen. Für das Konzept dieser neuen Abteilung bleibt bis zum Zeitpunkt des Interviews (2009) festzuhalten, dass es dem CSEE ähnelt und ein Schwerpunkt auf den strukturierten Tagesablauf gelegt wird. Ein wesentlicher Unterschied wird im totalen Freiheitsentzug liegen. Des Weiteren soll hoch qualifiziertes Personal dort arbeiten. Strukturell betrachtet wird die neue Abteilung klar vom Rest des CSEE abgegrenzt, auch wenn sie sich auf dem Gelände des CSEE befinden wird. Wie sich diese Veränderungen auf die Bewohner bzw. auf das Konzept des CSEE auswirken werden, bleibt abzuwarten. Eine eindeutige geographische Trennung zwischen dem CSEE und der geschlossenen Abteilung wäre angebrachter gewesen. Denn nach den momentanen Plänen der Bauvorhaben, kann man diese neue geschlossene Abteilung mit den Merkmalen des Jugendstrafvollzugs in Deutschland vergleichen, wobei das CSEE eigentlich eine spezielle Form der stationären (halb-offenen) Heimerziehung darstellt. Des Weiteren soll das CSEE ab 2010 über neue Werkstätten verfügen.

6   Schluss

Die Zielgruppe des CSEE; das mit als letztes Glied im Jugendschutzsystem fungiert, besteht so die theoretischen und empirischen Ergebnisse, aus kriminellen Jugendlichen, Jugendlichen mit diversen Verhaltensstörungen unterschiedlichen Schweregrades und Jugendlichen sonstiger Problemstellungen, bei denen alle vorherigen Maßnahmen nicht greifen konnten. Die Jugendlichen werden i.d.R. durch einen richterlichen Beschluss hin aufgenommen. Zu den Einweisungsgründen bleibt festzuhalten, dass im Interview von vielfältigen sich überschneidenden Einweisungsgründen die Rede war. So können Jugendliche u.a. im Sinne einer Erziehungs- oder Schutzmaßnahme[7] eingewiesen werden, inhaltlich ändert sich im Umgang mit den Jugendlichen allerdings nichts.

Die Aufträge des Gesetzes umrahmen die Arbeit des CSEE. Die Ziele beinhalten den endgültigen Abrutsch in die Kriminalität zu verhindern und das Ziel der Erziehung, der psychologischen Betreuung, der Reintegration sowie der Beschulung. Des Weiteren schreibt die Arbeit des CSEE, der Erstellung eines individuellen Projektes durch das SPS sowie die Vermittlung von theoretischem und pragmatischem Wissen hin zur Selbständigkeit, eine hohe Bedeutung zu. Ebenso wichtig sei es bei dem Jugendlichen die Bereitschaft zu wecken, die Zwangsmaßnahme anzunehmen. Der Schutz- und Aufsichtsauftrag (Sicherheits- und Disziplinarbestimmungen) soll die Jugendlichen vor sich selbst aber auch vor anderen Jugendlichen im CSEE schützen und ein weiteres grundlegendes Ziel liegt darin die Gesellschaft zu schützen. Zum Leitbild lässt sich zusammenfassend sagen, dass eine Tür für pädagogisches Handeln durch Wertschätzung, Orientierung, Strenge und Partizipation im Alltag, sowie durch intermediäre Momente und die Vermittlung von Basiskenntnissen geöffnet werden soll.

---

[7] Die Jugendlichen können auch im Sinne einer Aufsichtsmaßnahme eingewiesen werde. (siehe Kap.3)

Die Darstellung des Konzeptes zeigt im Hinblick auf die Frage nach einer theoretischen Fundierung keine direkten Hinweise auf gezielt theoriegeleitetes Handeln. Es zählt so die Ergebnisse des Interviews, vor allem der „gesunde Menschenverstand". Aus der theoretischen Analyse des Konzeptes kann geschlossen werden, dass die „Pädagogik des Erfolges" ein wichtiges Element im Schulalltag darstellt. Des Weiteren weisen die Ergebnisse des Interviews darauf hin, dass diese „Philosophie" der „Pädagogik des Erfolges" in alle Bestandteile des CSEE mit einfließt, jedoch fehlt auch an dieser Stelle ein theoretisches Fundament. Im Hinblick auf die Methoden ist ersichtlich geworden, dass der Erstellung des „individuell sozial-erzieherisches und therapeutisches Projekt" und eines medizinisch sozial psychopädagogischen Profils, durch den SPS und dessen Umsetzung durch die Leiter der Schule und des Internats einen großen Stellenwert zukommt. Wie die konkrete Umsetzung dieser Projekte oder des Profils aussieht, d.h. welche Instrumente zur Erstellung eines Profils benutzt werden oder was die Projekte inhaltlich auszeichnet, bleibt unklar. Und wie festgestellt wurde spielt das für den Jugendlichen erstellte Profil eine herausragende Rolle für eine Kooperation im In- und Ausland. Die im CSEE zum Einsatz kommenden Hilfsmittel sind u.a. Strenge, Strafe, Belohnung, Regeln und die Isolationsmaßnahme. Das Thema Evaluation zeigt, dass der Zusammenarbeit mit der *Überwachungs- und Koordinationskommission*, dem *Quality audit-group* und der genannten Selbstevaluation sicherlich eine große Bedeutung zuzurechnen ist; allerdings kann hier nicht von Wirkungsforschung oder evidenzbasierter Kriminalprävention (siehe Kury 2006) gesprochen werden.

Die Vermischung unterschiedlichster Zielgruppen durch die bereits auf juristischer Ebene vorgeschriebenen Vorgehensweisen, wird spätestens am Beispiel des CSEE deutlich, weil Jugendkriminalität nach dem Jugendschutzgesetz im Hinblick auf andere Fälle der Kindeswohlgefährdung auf juristischer Ebene nicht differenziert behandelt wird. Bei näherer Betrachtung des Konzeptes des CSEE und dessen Aufträge, wird ersichtlich, dass das CSEE auf das Jugendschutzgesetz abgestimmt ist. Eine Maßnahme im CSEE wird je nach Bedarf (auf unbestimmte Zeit) vom Richter, nach den unterschiedlichen Aufträgen die im Jugendschutzgesetz aufgelistet sind eingeleitet und das CSEE sichert die Erfüllung dieser Aufträge.

Festzuhalten bleibt, dass das CSEE ein Heim mit stationärer Unterbringung ist, was es aber schwer haben dürfte den Ansprüchen des Jugendschutzgesetzes gerecht zu werden. Es bleibt somit fragwürdig ob das Konzept den Ursachen von Kriminalität entgegen wirken kann und es wird bezweifelt, ob die Problemstellungen (u.a. bei Delinquenz) der Jugendlichen im CSEE aufgegriffen werden können. Deshalb und wegen seiner unterschiedlichen Zielgruppen hat das CSEE wohlmöglich ein so gut ausgebautes kooperatives Netzwerk im In- und Ausland. Greift die Maßnahme im CSEE auch nicht, bleibt nur noch der Erwachsenenvollzug. In Luxemburg können kriminelle Jugendliche nämlich im Erwachsenenvollzug untergebracht werden, auch ohne ein existierendes Jugendstrafrecht. Unklarheit herrscht über die Faktoren, Ursachen, Häufigkeit und die Dauer einer Einweisung im CSEE oder Strafvollzug. Des Weiteren erfolgt die Arbeit des CSEE erwiesenermaßen auf allen drei kriminalpräventiven Ebenen und es muss gleichzeitig darauf geachtet werden, dass keine Stigmatisierung bei nicht delinquenten Jugendlichen ausgelöst wird. Für ein gutes Gelingen ist in erster Linie Zielspezifität gefragt, wie es die erfolgreiche präventive Arbeit zeigt. Die

Forschung zeigt, dass zielgruppenorientiertes Handeln in kleinen Institutionen stationärer Unterbringung am erfolgversprechendsten ist um positive Wirkungen zu erzielen. Und dennoch bleibt auch hier zu beachten, dass sogar in kleinen Institutionen noch die Gefahr negativer Auswirkungen von Peergruppeneffekten besteht. Weshalb an dieser Stelle unbedingt der Begriff Dezentralisierung erwähnt werden muss. Im Hinblick auf den Umgang mit Jugendkriminalität im CSEE wirkt diese Erkenntnis eher beunruhigend, da allem Anschein nach im CSEE eine Vermischung unterschiedlichster Zielgruppen zum Vorschein kommt,- so z.B. von Intensivtätern, delinquenten Jugendlichen bei denen die Delikte wohlmöglich im Bereich der Bagatelldelikte auftreten oder durch sonstige unabhängig von kriminellen Faktoren gefährdete Jugendliche.

Aus wirkungsorientierter Perspektive oder Evaluationsforschung betrachtet kann dieser Beitrag nur wenig im Hinblick auf Jugendkriminalität und dessen Ursachen sowie Verläufe beurteilen, weshalb dringend empfohlen wird Evaluationsforschung oder Biographieforschung durchzuführen, damit definierbar wird, wo die Ursachen für eine Zuweisung oder die Erfolgsquote eines Aufenthaltes im CSEE liegen. Nur so kann objektives Wissen über Erfolge/Misserfolge und die Ursachen des Erfolges/Misserfolges angestrebter Ziele gewonnen werden. „Es reicht eben nicht nur guten Gewissen an die Wirksamkeit der initiierten Maßnahmen zu glauben. Bereits bei der Konzeption von kriminalpräventiven Projekten – so die einhellige Auffassung unter Kriminologen – ist daher eine seriöse Wirkungsforschung und Erfolgskontrolle notwendig." (Institut für Kriminalwissenschaften et.al. o.J., S. 3)

Ob die gesetzten Ziele des CSEE erreicht werden, kann durch die zur Verfügung stehenden Daten an dieser Stelle nicht objektiv ermittelt werden. Dieser Beitrag über das Konzept des CSEE vermag lediglich zur Transparenz des Handlungsfeldes in dem das CSEE agiert verhelfen, die Reflexion über den Umgang mit Jugendkriminalität im Sinne krimineller Jugendlicher aber auch gefährdeter Jugendlicher anregen und eine Grundlage für weitere systematische Untersuchungen eines nicht nur in Luxemburg, sondern auch in anderen Ländern komplexen Handlungsfeldes zu schaffen.

Literatur

Andrich-Duval Sylvie (2003): Erziehungshilfen in Luxemburg. In: Hans Günther Homfeldt, Katrin Brandhorst (Hrsg.): Hilfe Schutz und Kontrollorientierung in der Erziehungshilfe. Soziale Arbeit in einem grenzüberschreitendem Raum. Arbeitspapier 1-03, S.46-48. URL: http://www.unitrier.de/fileadmin/fb1/prof/ PAD/SP1/Arbeitspapiere/Arbeitspapier_I-03.pdf – Download am 28.11.10.

Arbeitsstelle Kinder- und Jugendkriminalprävention (AKJ) (Hrsg.) (1998): Literaturdokumentation von Arbeitsansätzen der Kinder- und Jugendkriminalprävention. München.

Becsky Stefan, Frantz-Charles Muller (2000) : Jeunesse : politiques et structures au Grand-Duché de Luxembourg. Bonn : Internationaler Jugendaustausch- und Besucherdienst der Bundesrepublik Deutschland (IJAB) e.V..

Boevinger Fernand (2003): Le fonctionnement de l'unité de sécurité. In : Ministère de la Famille, de la Solidarité sociale et de la Jeunesse (Hrsg.) : L'enfermement à quels prix ?. Mamer : Graphic Press, S.84-89.

Bosseler René (1967): L'institution de rééducation de Dreiborn. In : Bulletin de l'Association des Instituteurs Réunis du Grand-Duché de Luxembourg – 18, N° 7/8, S.201-203.

CSEE (Hrsg.) (2003): Recueil des règlements. Dreiborn. (unveröffentlicht)

CSEE (2009) : Centre socio-éducatif de l'état (CSEE). In : Ministère de la Famille et de l'intégration (Hrsg.) : Rapport d'activité 2008. S.231-240. URL : http://www.mfi.public.lu/publications/rapports-activite/rapp_act_2008.pdf – Download am 28.11.10.

CSEE (2010) : Centre socio-éducatif de l'état (CSEE). In : Ministère de la Famille et de l'intégration (Hrsg.) : Rapport d' activité 2009. S.286-295. URL : http://www.mfi.public.lu/publications/rapports-activite/rapp_act_2009.pdf – Download am 28.11.10.

CIJ – Centre Information Jeunes (Hrsg.) (o.J.) : Guide des Jeunes (2008/2009). Des réponses à vos questions. (o.O).

Du Bois Deidre (2009): ONE, une chance?. In : Forum: Für Politik, Gesellschaft und Kultur: Neue Wege in der Kinder- und Jugendhilfe. Nr. 284 März, S.27-28.

Association EPI (o.J.) URL : http://www.association-epi.lu/projects.html – Download am 18.01.11.

Goniva Mariette (2009): Criminalité, prévention et resocialisation – une approche légale. In: Willems H. u.a. (Hrsg.): Handbuch der sozialen und erzieherischen Arbeit in Luxemburg. Band 2, Luxemburg: editions saint-paul, S.981-987.

IES/ CSEE (Hrsg.) (2007): Organisation Scolaire 2007/2008. Dreiborn (unveröffentlicht)

Institut für Kinder- und Jugendhilfe (IKJ) GmbH (2011): IKJ erhält Auftrag des „Office National de l'Enfance" (Jugendamt). URL: http://www.ikj-mainz.de/ – Download am 19.01.11.

Institut für Kriminalwissenschaften et.al. (o.J.): Düsseldorfer Gutachten. URL: http://www.duesseldorf.de/ download/dg.pdf – Download am 28.11.10.

Kury Helmut (2006): Erfolgsmessung von kriminalpräventiven Maßnahmen. In: Dieter Dölling (Hrsg.): Prävention von Jugendkriminalität. Mannheim: Eigenverlag der Landesgruppe Baden-Württemberg in der DVJJ Heidelberg 2006, S.25-58.

Mémorial N° 70 (1992): Protection de la Jeunesse. Loi du 10 août 1992 relative à la protection de la jeunesse. S.3-8. URL : http://www.legilux.public.lu/leg/textescoordonnes/compilation/recueil_lois_speciales/ JEUNESSE.pdf – Download am 28.11.10.

Mémorial N°130 (2004): Centre Socio-Educatif de l'Etat. Luxembourg. Loi du 16 juin 2004 portant réorganisation du centre socio-éducatif de l'Etat : Imprimerie de la Cour Victor Hugo, S.1881 – 1885.

Ministère de la Famille et de l'Intégration (Hrsg.) (2010) : Rapport national sur la situation de la jeunesse au Luxembourg. Bakform.

ORK – Ombuds-Comité fir d'Rechter vum Kand (Hrsg.) (2003): Rapport 2003 au Gouvernement et au Président de la Chambre des députés. (o.O).

ORK – Ombuds-Comité fir d'Rechter vum Kand (Hrsg.) (2005): Rapport 2003 au Gouvernement et au Président de la Chambre des députés. (o.O).

Ostendorf Heribert (2008): Hilfen mit Freiheitsentzug bei schwer dissozialen Kindern und Jugendlichen. In: Görgen Thomas (Hrsg.): Interdisziplinäre Kriminologie: Festschrift für Arthur Kreuzer zum 70. Geburtstag. FM, 531-549.

Peters Ulla, Hansen Tessy (2008): Zur Situation der Heimerziehung in Luxemburg. Arbeitspapier 1. Projekt: Qualität in der Heimerziehung. Luxemburg: INSIDE Research Unit.

Peters Ulla (2009): Ein Gesetz und seine Umsetzung. Anforderungen an Organisationsstrukturen und sozialpäda-gogische Professionalität. In: Forum: Für Politik, Gesellschaft und Kultur: Neue Wege in der Kinder- und Jugendhilfe. Nr. 284 März, S.29-32.

Règlement grand – ducal (du 9 septembre 1992) portant sur la sécurité et le régime de discipline dans les centres socio-éducatifs de l'Etat. In : Mémorial. Luxembourg : Imprimerie de la Cour Victor Buck S. 2349 – 2351.

Règlement ministérielle (du 20 mai 1993) concernant l'organisation interne des centres socio-éducatifs de l'Etat, S.783 -789.

Schenk Manfred, Meyers Christiane (1997): Kinder- und Jugendliche im Großherzogtum Luxemburg. Lebensla-gen, Hilfsangebote und Perspektiven. (o.O), Centre Universitaire de Luxembourg.

Schmit René (2009) : Quelles indications pour l'accueil en institution ?. In : Willems H. u.a. (Hrsg.): Handbuch der sozialen und erzieherischen Arbeit in Luxemburg. Band 2. , Luxembourg: éditions saint-paul, S.771-783.

Seligmann Roland (1998): Les enfants maltraités. Situation au Luxembourg: un défi pour notre système de protec-tion sociale. In : Jean-Paul Harpes (Hrsg.) : Enquête sur les droits de l'homme. La situation au Luxembourg. Luxembourg : Publications du centre universitaire Luxembourg, S.93-106.

Soisson Robert (2003): Theoriefeindlicher Pragmatismus. In: Hans Günther Homfeldt, Katrin Brandhorst (Hrsg.): Hilfe Schutz und Kontrollorientierung in der Erziehungshilfe. Soziale Arbeit in einem grenzüberschreiten-dem Raum. Arbeitspapier 1-03, S. 33-45. URL: http://www.unitrier.de/fileadmin/fb1/prof/PAD/SP1/ Ar-beitspapiere/Arbeitspapier_I-03.pdf- Download am 28.11.10.

Willems H. et.al. (Hrsg.) (2009): Kinder- und Jugendschutz. Einleitung. In: Wilems H. et.al. (Hrsg.): Handbuch der sozialen und erzieherischen Arbeit in Luxemburg. Band 2., Luxemburg: éditions saint-paul, S.759-760.

Künstlerische Förderung von kriminellen Jugendlichen

Sarah Fissmann

1 Einleitung

Kriminellen Jugendlichen im Rahmen des jugendstrafrechtlichen Maßnahmenkatalogs die Möglichkeit zu geben, sich kreativ zu betätigen, deutet auf ein Paradoxon hin: Die Stichworte „Kunst" und „Kreativität" wecken positive Assoziationen, die sich zunächst schwer im juristischen Kontext einer Sanktionierung delinquenter Verhaltensweisen verorten lassen. Dennoch zeigt das World Wide Web unter den Schlagwörtern „Kunst" und „Knast" eine Fülle von Ausstellungs- oder Projektinformationen, die auf eine rege künstlerische Aktivität im Rahmen des Strafvollzugs schließen lassen. Darunter finden sich Freizeitmalgruppen und projektorientierte Beschäftigungsangebote ebenso wie verschiedene Angebote in (Kunst-) Therapiesettings insbesondere im Rahmen von Beschäftigungs- oder Sozialtherapie. Wenn man Delinquenz als Verhaltensstörung betrachtet (vgl. Myschker 2005, S. 44, S. 448ff.), ist anzunehmen, dass künstlerische Angebote auch eine pädagogisch-therapeutische Relevanz haben können und sich die Pädagogik bei Verhaltensstörungen deshalb mit ihnen beschäftigt. Dem ist jedoch kaum so. Das mag daran liegen, dass der Thematik „Kunst im Jugendstrafvollzug" kein eindeutiges Referenzfach entspricht, sondern dass sie sich an einem diffusen Schnittpunkt befindet, der zwischen der Pädagogik bei Verhaltensstörungen, Kunstpädagogik, Soziologie sowie Kriminologie anzusiedeln ist.

Um aus der Perspektive der Verhaltensgestörtenpädagogik einen Blick auf künstlerische Aktivitäten im Rahmen des Jugendstrafrechtsystems zu werfen, sollen in diesem Beitrag Ergebnisse einer qualitativen Untersuchung vorgestellt werden. Mittels Experteninterviews wurde im Jahr 2008 die künstlerisch-pädagogische Arbeit mit kriminellen Jugendlichen in Bildhauerwerkstätten innerhalb und außerhalb des Strafvollzugs untersucht. Die Auswertung der Interviews erfolgte unter der Fragestellung, inwieweit Kunst (Bildhauerei) als Interventionsmaßnahme eine Rolle hinsichtlich des Erziehungsziels bei kriminellem Verhalten spielen kann und somit zur Entwicklung zur selbst- und sozialverantwortlich eigenständigen Persönlichkeit (vgl. §3 Abs.1 JGG; §10 Abs. 1 JGG) beitragen kann.

Bevor die Ergebnisse dieser Untersuchung dargestellt werden, sollen zunächst die zugrundeliegenden Definitionen und der theoretische Hintergrund in Kürze dargestellt werden. Anschließend werden die untersuchten Institutionen vorgestellt, sowie die Rahmenbedingungen der Studie präsentiert. Abschließend erfolgt eine Diskussion der Untersuchungsergebnisse unter Berücksichtigung der theoretischen Vorüberlegungen im Hinblick auf die genannte Fragestellung.

2 Terminologie und theoretischer Hintergrund

Laut §1 I SGB VIII hat jeder junge Mensch das „Recht auf Förderung seiner Entwicklung und auf Erziehung zu einer eigenverantwortlichen und gemeinschaftsfähigen Persönlichkeit". Laut Sonnen verankert §5 JGG den Grundsatz jeglicher Förderung im Strafvollzug und nimmt Bezug auf §1 SGB VIII, der für alle jungen Menschen und deshalb auch für die Gefangenen gelte (vgl. Diemer/Schoreit/Sonnen 2008, S. 937). Allgemein meint der Begriff „Förderung" mit Bundschuh (et. al. 2007, S. 76) zunächst im etymologischen Sinne: „helfend bewirken, dass sich jemand (…) entwickelt". Förderung im Kontext von künstlerischer Intervention versteht sich hier als eine Einwirkung auf die Handlungsfähigkeit krimineller Jugendlicher, deren Verhalten laut Myschker (2005, S. 52) als entwicklungsfähig gesehen werden kann.

Das „konzeptgeleitete, insbesondere interventive pädagogische Arbeiten" mit ihnen (Stein 2008, S. 165) bildet im künstlerischen Kontext grundsätzlich handlungspraktische individuelle ästhetische Erfahrungen der Personen, die sich mit einem künstlerischen Medium (hier: Bildhauerei) auseinandersetzen (vgl. Richter-Reichenbach 2004a, S. 99f.).

Der Begriff der Kunst soll hier sowohl als eine Kenntnis oder Technik verstanden werden (Kunst abgeleitet von „können") und beschreibt somit die Fähigkeit, etwas zu (er-) schaffen. Kunst verweist dadurch auf die menschliche Befähigung zu Kreativität (auch Imagination/ Einbildungskraft) und bietet Ergebnisse des jeweiligen Arbeitsprozesses in Form von Kunstwerken (vgl. Mäckler 2000).

Im Rahmen der Pädagogik bei Verhaltensstörungen besteht ein wenig ausdifferenziertes Verständnis von Kunst als Methodik: Hillenbrand (2006, S. 142f.) stellt neben anderen Ansätzen, wie bspw. Musik- oder Erlebnispädagogik künstlerische Interventionsmaßnahmen als Ansatz zur sozial-emotionalen Förderung bei Verhaltensstörungen vor. Er verdeutlicht diesbezüglich, dass Kunst vorwiegend in therapeutischen oder diagnostischen Kontexten genutzt werde. Einen dezidiert sonderpädagogisch orientierten Ansatz zur Förderung bietet der Ansatz der Pädagogischen Kunsttherapie nach Richter (1980), Richter-Reichenbach (2004a/b), Myschker (2007, S. 261f.) und Theunissen (1980, S. 305ff.). „Therapie" meint in diesem Zusammenhang keinen medizinisch indizierten Begriff, sondern einen weiten Therapiebegriff nach Richter-Reichenbach (2004a/b). Allgemein kennzeichnen die Pädagogische Kunsttherapie eine pädagogische und eine ästhetische Dimension: In der pädagogischen Strukturierung ihrer Prozesse ist sie mit der Erziehungswissenschaft und Bildungstheorie verkettet und übernimmt deren leitenden Prinzipien der Befähigung und emanzipatorischen Ich-Findung des Menschen (vgl. Richter-Reichenbach 2004b, S. 9). Eine auf diesen Prinzipien fußende Kunstpädagogik soll Hinweise auf methodische Instrumentarien geben. Dabei halte die systematische Anbindung an die philosophische Ästhetik (Kant und Hegel) das hohe Ich-Potenzial ästhetischer Prozesse bewusst (vgl. Richter-Reichenbach 2004a, S. 148).

Aufgrund dieser theoretischer Überlegungen zu Kunst und Kreativität ist fraglich inwiefern sie sich als Interventionsmöglichkeit mit kriminellen Jugendlichen begründen lassen. Denn als gemeinsames Ziel der Interventionsmaßnahmen innerhalb und außerhalb des Jugendstrafvollzugs kann eine Förderung der Entwicklung zu einer sozial verantwortlichen, selbstständig handelnden Persönlichkeit (§3 Abs.1 JGG; §10 Abs. 1JGG) gesehen werden, welche die Absicht verfolgt, den Jugendlichen zu einem straffreien Leben zu befähigen. Dieses allgemeine Erziehungsziel bei kriminellem Verhalten bedeutet nichts anderes als emanzipatorische Handlungskompetenz zu entwickeln. Diese „Kompetenz für eigenverantwortliche Handlungsfähigkeit" (Mündigkeit) ist nach Roth anthropologisch betrachtet im Zuge von Reife, Produktivität, Kritikfähigkeit und verantwortlicher Entscheidungsfähigkeit eine spezifisch menschliche Eigenschaft, die durch Erziehung angestrebt werde (vgl. Roth 1971, S. 179ff.). Deshalb kann angenommen werden, dass kriminelle Jugendliche, wenn sie sich entwickeln sollen, über umfassende sachkompetente, sozialkompetente und selbstkompetente Einsichtsfähigkeiten verfügen müssen, die von Roth (1971, S. 447f.) als untrennbare Einzelbestandteile des eigenverantwortlichen Handelns verstanden werden (vgl. Reinheckel 2010, S. 227).

Hier wird Sachkompetenz als die „Fähigkeit, für Sachbereiche urteils- und handlungsfähig und damit zuständig sein zu können" definiert (vgl. Roth 1971, S. 180). Sie entwickelt sich ontogenetisch betrachtet aus der menschlichen Fähigkeit, sich zielgerichtet bewegen und agieren zu können, und kann auch als Interesse und Wissen in Bezug auf die Dinge (kognitive Mündigkeit) gesehen werden (vgl. Roth 1971, S. 458ff.). Da dieses sacheinsichtige Handeln „in einem gesellschaftlichen oder gesellschaftspolitischen Kontext" steht, hat es, so Roth (1971, S. 477), soziale Folgen. Somit ist in Ergänzung zum sacheinsichtigen Wissen und Handeln Sozialkompetenz bedeutsam. Diese beinhaltet die „Fähigkeit, für sozial, gesellschaftlich und politisch relevante Sach- oder Sozialbereiche urteils- und handlungsfähig (…) also ebenfalls zuständig sein zu können" (ebd., S. 180). Dabei genügt nach Roth nicht traditionell erworbenes soziales Wissen und Können, sondern ein „kritisches und kreatives Sozialverhalten aus eigener Einsichtsfähigkeit" (ebd.) sei unabdingbar. Die Entwicklung sozialer Handlungskompetenz vollziehe sich durch Interaktionen, durch Lernprozesse (über Identifikationsprozesse, Kommunikation, Internalisation, Imitation, Modelle, Sanktion und Rollenübernahme) sowie durch das Erlernen von zwischenmenschlichen und gesellschaftlichen Regeln. Dabei sei dieser Prozess stark durch Empathie beeinflusst (vgl. ebd., 480ff.). Neben den sach- und sozialeinsichtigen Kompetenzen bedarf jeder Mensch mit Roth werteinsichtigen Verhaltens und Handelns und somit der „Fähigkeit, für sich selbst verantwortlich handeln zu können" (ebd.), also Selbstkompetenz. Diese kennzeichnet den durch Selbstwert- und Selbstwirksamkeitserfahrungen geprägten Erwerb eines Selbstkonzepts und eines Bewusstseins über das eigene Ich.

Wie sich diese theoretischen Vorüberlegungen zu Kunst als pädagogischer Interventionsmaßnahme mit kriminellen Jugendlichen in der Praxis wiederfinden, wird im Folgenden durch die Beschreibung der untersuchen Institutionen erläutert.

3   Die Bildhauerwerkstatt als kriminalpädagogische Institution

Die Entstehung der Idee von einer Bildhauerwerkstatt innerhalb des Strafvollzugs lässt sich bis in die 1970er Jahre zurückverfolgen. Werkstätten außerhalb des Vollzugs existieren seit den 1990er Jahren.

Im Fall der drei untersuchten Bildhauerwerkstätten, die alle nach unterschiedlichen Konzeptionen arbeiten, stellen zwei von ihnen Beispiele für Werkstätten außerhalb des Vollzugs dar. Sie bieten in Frankfurt am Main und in Oberursel Möglichkeiten zum Ableisten von Arbeitsstunden im Kontext des jugendstrafrechtlichen Maßnahmenkatalogs (§§10,15 JGG). Die dritte Werkstatt befindet sich als Werkbetrieb innerhalb der Justizvollzugsanstalt Bremen-Oslebshausen, ist bundesweit in dieser Form einmalig (vgl. Bammann/Feest 2007, S. 42) und bietet Arbeitsplätze für inhaftierte Jugendliche: Dort arbeiten verschiedene Bremer Künstler als Vollzugsexterne und Pädagogen mit einer Gruppe Inhaftierter im Bereich der keramischen Bildhauerei (skulpturale Arbeit mit Ton) zusammen. Die Jugendlichen werden den WerkstattleiterInnen im Rahmen der Arbeitszuweisung vorgeschlagen und arbeiten zwischen zwei und acht Monaten in der Werkstatt. Ihre Entlohnung entspricht dabei den anderen Betrieben der JVA (vgl. www.mauern-oeffnen.de). Benz (2003, S. 60) beschreibt die Aufgabe der Werkstatt darin, dass sie neben der Förderung kreativer Anlagen der Gefangenen auch ein kulturelles Unternehmen darstellen soll. Die entstehenden Kunstwerke sind meist Aufträge aus dem öffentlichen Raum wie z.B. von Krankenhäusern, Schulen oder Kindergärten, so dass die Kunstwerke nach ihrer Fertigstellung meist fest integrierte Plätze in der Bremer Stadtlandschaft zugewiesen bekommen (vgl. www.mauern-oeffnen.de).

Gegenüber der Bremer Werkstatt bieten die anderen beiden Bildhauerwerkstätten außerhalb des Strafvollzugs Orte zum Ableisten von Arbeitsstunden: Sie stellen Möglichkeiten dar, durch die nach §10 I, 4 JGG Arbeitsleistungen in Form von richterlichen Weisungen vollbracht werden können. Die Erbringung von Arbeitsleistungen stellt laut JGG eine begrenzte Arbeitspflicht zum Zwecke der Erziehung dar, die nur dann zulässig ist, wenn sie die Einstellung des Jugendlichen zur Arbeit beeinflusst und den Jugendlichen dazu erzieht, als selbstverantwortliche Person in der menschlichen Gemeinschaft sein Leben führen zu können (vgl. Diemer/Schoreit/Sonnen 2008, S. 113). Durch die Verhängung von Weisungen bei nicht allzu schwerwiegenden Verfehlungen sollen Erziehungsmängel oder charakterliche Schwächen der Jugendlichen und Heranwachsenden ausgeglichen werden (vgl. ebd., 98).

In Ihrer Arbeit mit den Jugendlichen bilden die extramuralen Werkstätten einen Schnittpunkt zwischen Jugendarbeit und Justiz. Sie sind entweder sozialpädagogisch-künstlerisch orientiert wie die „Bildhauerwerkstatt Gallus" in Frankfurt oder kunsttherapeutisch orientiert wie die „Bildhauerwerkstatt Kunsttäter" in Oberursel.

Die „Bildhauerwerkstatt Gallus" untersteht organisatorisch ihrem Trägerverein, der Jugend-Kultur-Werkstatt Falkenheim e.V., einem Jugendzentrum im Frankfurter Gallusviertel. Im Hauptziel verfolgt die Werkstatt eine sozial- und kunstpädagogische Förderung der Entwicklung ihrer Klientel. Diese soll unter pädagogischer und künstlerischer Anleitung grundlegende handwerkliche und künstlerische Fertigkeiten in der Arbeit mit den Materialien Stein, Holz und Metall erlernen. Die teilnehmenden Jugendlichen und Heranwachsenden werden über die Jugendgerichtshilfe der Stadt Frankfurt, die Bewährungshilfe oder andere Kooperationspartner wie Staatsanwaltschaft, Täter-Opfer-Ausgleich oder Migrationsdienste an die Bildhauerwerkstatt übermittelt.

In der „Bildhauerwerkstatt Kunsttäter" können in Oberursel, ähnlich wie in Frankfurt, kriminelle Jugendliche ihre Arbeitsstunden ableisten, werden aber kunsttherapeutisch und künstlerisch betreut. Die Werkstatt wurde im Jahr 2000 unter der Trägerschaft des Kultur- und Sportfördervereins Oberursel e.V. gegründet. Künstlerischer Gegenstand ist ähnlich wie in Frankfurt die skulpturale Ausgestaltung von Stahl, Holz und Stein. Dabei wird unter den Prinzipien der Klientenzentrierten Kunsttherapie gearbeitet, die auf den humanistischen, psychologischen und philosophischen Überlegungen von Carl R. Rogers basiert und künstlerische Erfahrungen in einem wertfreien Raum ermöglichen will (vgl. www.kunsttaeter.de; www.ahett-kunsttherapie.de).

Die untersuchten Bildhauerwerkstätten bilden folglich Institutionen, die für kriminelle Jugendliche und Heranwachsende unter pädagogischer, künstlerischer sowie therapeutischer Leitung Erfahrungsräume im ästhetischen, kulturellen, künstlerischen Bereich ermöglichen, gleichzeitig aber auch im strafrechtlichen Kontext der Sanktionierung krimineller Verhaltensweisen stehen.

4 Untersuchung der Bildhauerwerkstätten

Im Folgenden sollen nach kurzer Vorstellung der Rahmenbedingungen die zentralen Ergebnisse der durchgeführten Studie in den genannten Bildhauerwerkstätten dargestellt werden. Zugrunde liegt dabei die Forschungsfrage, inwieweit künstlerische Interventionsmaßnahmen dazu beitragen können, dass sich kriminelle Jugendliche zu sozial- und selbstverantwortlich handelnden Persönlichkeiten entwickeln können.

4.1 Methodische Rahmenbedingungen

Die hier vorgestellten Untersuchungsergebnisse stammen aus einer qualitativen Untersuchung, die im Herbst 2008 durchgeführt wurde. Im Zuge dessen wurden leitfadengestützte Experteninterviews mit 4 Personen geführt, die als Werkstattleiter in besagten Institutionen arbeiten. Befragt wurden zwei Frauen und zwei Männer im Alter von 42 bis 57 Jahren, von denen drei Personen in den Werkstätten außerhalb des Vollzugs arbeiten und eine Person im Werkstattbetrieb des geschlossenen Jugendstrafvollzugs.

Die hier zu Experten erklärten Personen zeichnen sich durch ihre Berufsrollen als solche aus: Alle Interviewpartner besitzen leitende Funktionen in den untersuchten Institutionen sowie Berufserfahrung von durchschnittlich über 10 Jahren im untersuchten Feld. Diesbezüglich stellen Bogner und Menz (2005, S. 46) fest, dass „Experten auch gezielt als komplementäre Informationsquelle über die eigentlich interessante Zielgruppe [hier: die Jugendlichen; S.F.] genutzt" werden können (vgl. ebd., S. 37). Ihre Wissensressourcen stellen „Kristallisationspunkte praktischen Insiderwissens" (ebd., S. 7) dar. Dieses Wissen wird hier folglich als Kontextwissen über die Lernerfolge der Jugendlichen genutzt.

Der Interviewleitfaden zur Durchführung der Experteninterviews erfasst die Förderung von Sach-, Sozial- und Selbstkompetenz krimineller Jugendlicher in den Bildhauerwerkstätten.

4.2 Darstellung und Diskussion exemplarischer Ergebnisse

Mit Blick auf die Forschungsfrage wurden die Daten erstens in Richtung sachlicher, zweitens in Richtung sozialer und drittens in Richtung selbstbezogener Kompetenzen ausgewertet, um Aussagen zur Förderung von emanzipatorischer Handlungskompetenz treffen zu können. In Ergänzung dazu soll in Kürze auf die therapeutischen Dimensionen künstlerischer Intervention eingegangen werden, um die Frage nach künstlerischer Förderung hinreichend diskutieren zu können.

4.2.1 Bildhauerei als Sachbereich

„Der größte Erfolg ist, wenn die Jugendlichen wissen, was sie machen wollen und wenn sie wissen, wie sie es machen wollen" (Werkstattleiterin 2008).

Aus den Interviews geht hervor, dass die Jugendlichen durch ihre Arbeit in den Werkstätten einen für sie überwiegend völlig neuen Arbeitsbereich kennen lernen. Diese Erprobung im neuen Aktionsfeld bezieht sich inhaltlich auf den fachlichen Umgang mit den werkstattspezifischen Materialien, Werkzeugen und Maschinen.

Alle Werkstattleiter weisen darauf hin, dass in diesen präferierten Arbeitsweisen Parallelen zu handwerklichen Berufen wie Tischler, Schreiner, Maler, Maurer, Schweißer oder Metallbauer liegen. Die Jugendlichen können durch ihren Einsatz in den Werkstätten somit auch Vorerfahrungen im handwerklich-künstlerischen Arbeitsbereich erlangen, die ihnen bei einer beruflichen Orientierung nützlich sein können. Diese Parallele zwischen Bildhauerei und spezifischen Berufen scheint im Hinblick darauf, dass viele junge Kriminelle keine abgeschlossene Berufsausbildung vorweisen, einen bedeutsamen Aspekt darzustellen. Den Jugendlichen wird somit die Möglichkeit eröffnet, verschiedene Techniken kennenzulernen, die für verwandte handwerkliche Berufe charakteristisch sind. Dabei bleibt zu betonen, dass alle Werkstattleiter in diesem Punkt eine klare Differenzierung vornehmen und feststellen, dass die Arbeit in den Bildhauerwerkstätten keinerlei Ersatz für dezidierte handwerklich-technische Berufsvorbereitungen sein könne. Dies gelte sowohl in Bezug auf das praktische Arbeiten, als auch in Bezug darauf, dass die Werkstätten keinerlei theoretische Unterrichtung vollziehen. Hierzu verdeutlichen die Befragten, dass die fachliche Parallele bewusst gewählt wurde, aber dass unter den gegebenen Bedingungen eine intensivere berufsvorbereitende oder berufsberatende Funktion nicht primär erfüllt werden könne und auch nicht primär angestrebt werde.

In Bezug auf die fachliche Auseinandersetzung mit Stein, Holz, Metall und Ton bleibt festzustellen, dass diese Begrenzung auf spezifisches Material (und auch auf spezifische Berufsfelder) einen angemessenen Umfang an Wahlmöglichkeiten darstellt, der die Jugendlichen nicht überfordert und eine Konzentration auf einen begrenzten, ausgewählten fachlichen Bereich ermöglicht. Der Umgang mit den genannten Materialien stellt sicherlich kein anforderungsloses Arbeitsmaterial dar, sondern fordert die Jugendlichen nicht nur im technischen Sinne immer wieder heraus: Ein Werkstattleiter betont beispielsweise, dass das künstlerische Arbeiten die Jugendlichen immer wieder vor fachliche Probleme stelle, die sie mit der Zeit und durch Unterstützung zu lösen lernen. So können die Jugendlichen „eine Fähigkeit entwickeln, mit der Situation, in der sie sind, umzugehen" (Werkstattleiterin 2008).

Das Ziel, eigenverantwortlich arbeiten zu können, ist laut eines Interviewpartners besonders zu Beginn der Tätigkeit in der Werkstatt auch von Angstgefühlen begleitet. Diese resultieren aus dem noch nicht erworbenen Fachwissen, z.B. im Umgang mit schweren Maschinen, werden aber automatisch mit der Zeit von den Jugendlichen zugunsten ihrer Eigentätigkeit bewältigt. Unterstützt werden die Jugendlichen dabei auch dadurch, dass die künstlerischen Aufgaben gestaffelt verteilt werden: „von einer kleinen Aufgabe, Übungsaufgaben, bis hin zu einer eigenständig großen Aufgabe". Das zeigt, dass die Jugendlichen im Laufe ihres Einsatzes in der Bildhauerwerkstatt das zunehmende technisch-künstlerische Wissen auch immer gezielter anwenden lernen, um im Sachbereich Bildhauerei eigenständig handeln zu können.

Im sachlichen Bereich stellen die Werkstätten somit Orte des Erprobens dar, wo neu erworbene Fähigkeiten zunehmend genutzt werden, um ein Ziel, nämlich die Herstellung eines Kunstwerkes, zu verfolgen. Ein Werkstattleiter verdeutlicht diesbezüglich, dass sich dieses Probehandeln auf die Entwicklung einzelner Personen beziehe, in dem es Eigenständigkeit fördere, sich aber ebenso auf die Gesamtgruppe auswirke, weil künstlerisch-technische Probleme teilweise nur innerhalb einer Kleingruppe bewältigt werden können, wie z.B. die Aufgabe, einen komplizierten Grundriss für eine keramische Arbeit zu entwickeln, oder die Erstellung einer größeren Skulptur in Gruppenarbeit. Diese Aussage weist im Sinne des Verständnisses der Entwicklung von sacheinsichtigem Handeln nach Roth (s. o.) darauf hin, dass auch eigenverantwortliches Handeln im Fachbereich Bildhauerei nicht ohne einen sozial orientierten Kontext ablaufen kann und somit in engem Zusammenhang mit einem zwischenmenschlichen Austausch steht.

4.2.2   Die Bildhauerwerkstatt als sozialer „Lern"-Ort

„In erster Linie vor allem geht es auch darum, hier soziales Verhalten zu lernen" (Werkstattleiter 2008).

In den untersuchten Werkstätten wird die Zusammenarbeit neben werkstattspezifischen Regeln durch allgemein gültige Verhaltensregeln wie Höflichkeit, Pünktlichkeit, Ordnung sowie die Verbote von Gewalt und Drogenkonsum ermöglicht. Aufgrund dieser Strukturierungshilfen seien, so die interviewten Personen, gruppendynamische Prozesse beobachtbar, die sich während der künstlerischen Arbeit innerhalb der festen Gruppe im Verhalten einzelner Jugendlicher und in Bezug auf die Gesamtgruppe bemerkbar machen. Um diese Prozesse zu fördern werden von den Werkstattleitern bewusst Gruppenarbeiten initiiert: „Dass die [Jugendlichen; S.F.] sehen, sie können ganz große Arbeiten machen, das klappt aber nur gemeinschaftlich. Und die haben (…) damit (…) auch einen ganz wahnsinnig großen Erfolg" (Werkstattleiterin 2008). Weiterhin dienen Gruppenarbeiten innerhalb des

Jugendstrafvollzugs auch dazu, dass Jugendliche, die im Vollzugsalltag als Einzelgänger gelten, durch das gemeinsame Arbeiten mit anderen Jugendlichen in die Bildhauergruppe integriert werden sollen und sich dieser Effekt auch in den allgemeinen Haftalltag übertragen lasse.

Regelmäßige Werkbeschauungen in der Gesamtgruppe bewirken, dass die Jugendlichen die Situation einer Ausstellung kennenlernen können und die Erfahrung machen, ihr eigenes Werk vor anderen Personen zu präsentieren und sich darüber in der Gesamtgruppe auseinanderzusetzen. Alle Befragten berichten dazu, dass zwischen den Jugendlichen in der Regel ein respektvoller Umgang bestehe, der sich insbesondere durch die gegenseitige Anerkennung der künstlerischen Produkte entwickle. Denn dadurch, dass die Jugendlichen Respekt vor den künstlerischen Leistungen der anderen zeigen, entwickeln sie auch Respekt gegenüber demjenigen, der diese Leistung vollbringt. Dies zeige sich laut eines Interviewpartners durch Äußerungen wie „Boah, so ne große Arbeit will ich auch mal machen". Ein Werkstattleiter begründet diese Ursache in der Kunst selbst: „Den anderen akzeptieren zu lernen, mich auch nicht über ihn zu stellen; aber ich glaub, dass sie [die Jugendlichen; S.F.] das gar nicht bewusst merken, sondern einfach durch das Medium tun."

Voraussetzung dafür, dass die Jugendlichen sich selbst und ihre Leistungen gegenseitig anerkennen, scheint jene Bedingung, dass auch die Werkstattleiter die Arbeitsleistungen der Jugendlichen wertschätzen und mit ihnen einen respektvollen und gleichberechtigten Umgang pflegen. Dementsprechend stehen die Leiter den entstehenden Kunstwerken positiv gegenüber. Es wird den Jugendlichen signalisiert: „Jeder, der hier was macht, der macht in gewisser Weise etwas Gescheites!" (Werkstattleiterin 2008)

Durch den regen Austausch innerhalb der Gesamtgruppe können so interaktive Lernprozesse entstehen, die sich auf sachlicher und sozialer Ebene abspielen. Verdeutlicht wird dies anhand eines Beispiels:

„Wenn Jugendliche hier sind, die schon (…) viele Stunden hier verbracht haben und ein Anfänger taucht auf, dann ist es mir immer ein Hochgenuss, zu sehen, dass die sozusagen erfahrenen Kräfte den nicht erfahrenen zeigen, wie es geht. Weil sie ja schon was wissen. Und ich in dem Moment mich auch sofort ausklinke, weil ich mir denke, der Jugendliche, der jetzt das schon kann, was immer es ist, der ist der viel bessere Vermittler als ich es sein könnte" (Werkstattleiter 2008).

Über das Lernen im Bereich der fachlichen Interaktionen hinaus verdeutlichen alle Interviewpartner den Effekt, dass die Jugendlichen soziale Verhaltensweisen voneinander erlernen, so auch ihre Lebenserfahrung austauschen und reflektieren lernen.

Wie ein Werkstattleiter andeutet, stellt die Differenz zwischen den Betreuern in den Bildhauerwerkstätten und anderen Einflusspersonen diejenige dar, dass hier gemeinschaftlich gearbeitet wird. Während bei anderen Interventionsmaßnahmen gezielt an den Jugendlichen gearbeitet wird, werde in der Werkstatt mit ihnen an künstlerischen Objekten gearbeitet. Er erläutert weiterhin:

„Wir reden primär nicht [...] über die Vergehen oder Straftaten (...) am Anfang, wenn jemand hier her kommt. Denn wir reden eigentlich nur über diese künstlerische Arbeit, über die Gestaltung eines Holzes, eines Steins oder von Eisen. Das ist unser Problem und über dieses Problem entsteht eine Kommunikation. Wir wollen gar nichts wissen, (...). Wir wollen was sehen! Wir wollen sehen, dass was entsteht, dass was gemacht wird! Und in diesem Prozess des Machens, des Arbeitens an einem künstlerischen Werk, da entsteht eben ein Vertrauen, das nicht von Anfang an existieren kann, sondern das muss sich entwickeln (...) und das kann sich entwickeln eben über dieses Vehikel Kunst".

Ein besonderes Verhältnis zwischen Erwachsenen und Jugendlichen zeigt sich laut eines Werkstattleiters auch darin, „dass wir [in der Werkstatt; S.F.] Besuch bekommen, gelegentlich von jungen Menschen, die wir vor zehn Jahren mal kennengelernt haben und die mir dann erzählen, was heute so mit ihnen ist und wie es ihnen geht und das ist oft sehr erfreulich (...)". Eine Leiterin erklärt, dass dies Beziehungserfahrungen sind, die insbesondere die inhaftierten Jugendlichen selten erleben, wenn mit ihnen zusammengearbeitet wird: „Weil viele von denen werden ja von morgens bis abends therapiert und es wird auf die eingequatscht: ‚Du bist dieses und du bist da nicht gut und gesellschaftlich taugst du nichts'".

In den Werkstätten existiert folglich ein Raum, der es den Jugendlichen möglich macht, sozialverträgliche Verhaltensweisen innerhalb einer festen Gruppe zu entwickeln. So lernen sie, sich in ein Team einzugliedern, sich anzupassen, ihre Pflichten (Reinigungsdienste etc.) zu erfüllen, und erfahren dadurch, dass sie als Personen ernst genommen werden und dass ihnen die erforderlichen fachlichen Fähigkeiten von Seiten der Erwachsenen zugetraut werden. Dieser positive Bezug zu (nichtkriminellen) Erwachsenen kann, wie Lösel/Bliesener (2003, S. 19) erläutern, als ein Schutzfaktor für kriminelles Verhalten dargestellt werden. Im Hinblick darauf, dass Beziehungen und Interventionsprozesse die Basis jeglicher Erziehung darstellen, bleibt festzuhalten, dass besonders im Umgang mit Verhaltensstörungen der Erfolg der Interventionsmaßnahme maßgeblich von einer positiven Beziehung zueinander beeinflusst wird (vgl. Hillenbrand 2006, S. 131f.). Diesbezüglich scheint somit in den Werkstätten durch die künstlerische Betätigung ein Arbeitsklima geschaffen, durch das positive Beziehungserfahrungen für die Jugendlichen möglich sind.

4.2.3 Die Bildhauerwerkstatt als Ort der Selbsterfahrungen

„Und auch immer die Betonung: ‚Das habe ich gemacht!' (...) eine Erfahrung, die es vorher noch nicht gegeben hat (...), die Erkenntnis, doch etwas zu können, zu etwas fähig zu sein, das geschieht hier ganz sicher durch die künstlerische Arbeit" (Werkstattleiter 2008).

Dieses Zitat verdeutlicht, dass in den Bildhauerwerkstätten Erfahrungen gesammelt werden können, die aus dem eigenen Potenzial heraus resultieren und die dazu beitragen, „sich selbst ein wenig kennen zu lernen" (Werkstattleiter 2008). Sie beziehen sich zum einen auf körperliche Erfahrungen und zum anderen in Bezug auf die eigene Selbstwirksamkeit und somit auf das Selbstkonzept: Laut Interviews führt die körperlich anstrengende Bildhauertätigkeit dazu, dass die Jugendlichen ihre eigenen physischen Kräfte und Kraftreserven schnell kennenlernen. Meihofer und Siebel (1997, S. 40) stellten diesbezüglich fest: „Die jungen Künstler verfügen über sehr viel physische Energie. Die Werkstatt stellt sich ihnen als Gegner mit unerschöpflichen Nehmerqualitäten. Die Arbeit hilft ihnen beim Abbau und Umbau ihrer aggressiven Kräfte in Bleibendes aus Eisen, Holz und Stein". Ebenso geht aus den Interviews hervor, dass bis zur Fertigstellung eines Kunstwerks ein gewisses Maß an Konzentration und große Ausdauer notwendig sind, da Bildhauerei einen langwierigen Arbeitsprozess darstellt, was darauf hindeutet, dass das Arbeitsziel, die Fertigung einer Skulptur nur durch Impulskontrolle zu erreichen ist. Aggressive oder unbeherrschte Verhaltensweisen hingegen zeigen schnell negative Auswirkungen auf die eigene Arbeit, was im schlimmsten Fall zur unwiederbringlichen Zerstörung des eigenen Kunstwerks führen kann.

Neben derartigen körperlichen Erfahrungen verdeutlichen alle Interviewpartner, dass die Erfahrungen von Selbstständigkeit im Arbeitsprozess das Selbstbewusstsein und Selbstwertgefühl der Jugendlichen positiv beeinflusse, indem sie in eigener Verantwortung verursachte Erfolgserlebnisse evozieren: Dadurch, dass die Jugendlichen „Stolz auf das Werk, (…) was geschaffen wurde, [entwickeln; S.F.]" können sie „im Arbeiten selber (…) entdecken, was für ne Ressource man hat (…) und dass Kunst auf einmal etwas ist, was ich doch kann, was ich mir in der Schule vielleicht überhaupt nicht zutraue" (Werkstattleiterin, 2008). So kann die künstlerische Arbeit durch ihre Selbstbestimmtheit die Kreativität und Phantasie bzw. produktive Einbildungskraft der Jugendlichen fördern.

Der Stolz auf das erstellte Kunstwerk zeigt sich auch laut eines Werkstattleiters folgendermaßen: „und [die Jugendlichen; S.F.] machen dann ein Foto, zeigen es auch mal den Eltern, denen sie vielleicht schon jahrelang nix mehr gezeigt haben. Und das ist schon mal auch so ein Aspekt, wo man einfach merkt: Ja, Mensch, da ist was geschehen!". In diesem Punkt scheint Folgendes besonders bedeutsam, wie ein Leiter erklärt: „Und dieses Stolz-, dieses Selbstwertgefühl ist nicht durch eine Delinquenz entstanden, wo sie ja vielleicht im Vorfeld oft herkommt (…), sondern sie haben selbst was geschafft, mit dem Künstler, mit den anderen zusammen oder sogar mit einem eigenen skulpturalen Objekt". Derartige Selbstwirksamkeitserfahrungen resultieren laut Interviews auch durch andere Erfahrungen wie Wertschätzung, denn die Jugendlichen erkennen, dass die Objekte, die in der Werkstatt entstehen, auch einen materiellen Wert haben, indem die entstehenden Kunstwerke auch an die Öffentlichkeit verkauft werden. Ein Werkstattleiter verdeutlicht dazu: „Und auch dieses Bewusstsein: Ich erstelle einen Wert her, ich mach' was Wertvolles! Das ist sehr wichtig, weil das haben sie in der Regel –trotz der Ablehnung der Generalisierung– dieses haben die Jugendlichen meist nie erlebt".

Im Hinblick auf das Erziehungsziel bei kriminellen Verhaltensweisen stellt die Entwicklung von Selbstständigkeit, Selbstwert- und Selbstwirksamkeitserfahrungen einen wesentlichen Aspekt dar, weshalb auch u.a. Lösel/Bliesener (2003, S. 19) darin kriminalpräventive Faktoren sehen. Die Jugendlichen können in den Bildhauerwerkstätten lernen, aus sich selbst heraus Entscheidungen für den Arbeitsprozess zu treffen und ein ästhetisches Produkt zu erstellen, das ganz nach ihren eigenen Ideen, Kräften, Problemen und Lösungswegen gerichtet ist und ebenso die Erfahrung machen, dass sie für ihren Einsatz Anerkennung bekommen. Mit Bandura können Selbstwirksamkeitserfahrungen als Bestandteil der Sozialen Lerntheorie Auswirkungen auf Wahrnehmung, Motivation und Leistung der Person haben (vgl. Zimbardo/Gerrig 1999, S. 543). Bildhauerei kann somit in diesem Sinne positive Erfahrungen ermöglichen, die nicht aus kriminellen Verhaltensweisen resultieren, sondern mit der eigenen Leistung zusammenhängen. Dabei muss gelernt werden, mit frustrierenden Situationen umzugehen und diese zu bewältigen. Das scheint im Hinblick auf das Persönlichkeitsmerkmal der niedrigen Frustrationstoleranz einen wesentlichen Erfahrungswert darzustellen (vgl. Myschker 2005, S. 455f.).

Da derartige Selbsterfahrungen wie Eigenständigkeit, Selbstwirksamkeit, Erfolg, Stolz und Selbstbewusstsein entwicklungspsychologisch betrachtet einen wesentlichen Kern der Lebensaufgabe in der Jugend darstellen, kann so zur Persönlichkeitsentwicklung und Ich-Identität beigetragen werden. Reitzle (2002, S. 145ff.) stellte diesbezüglich in seiner Vergleichsstudie zu bildungsübergreifendem Selbstwertgefühl im Jugendalter heraus, dass ein angepasstes, weder besonders hohes noch besonders niedriges Selbstwertgefühl ein Beitrag zu einer erfolgreichen Anpassung im Erwachsenenalter sein könne.

4.2.4   Bildhauerei als Therapie

„Also ich hab sehr oft das Gefühl, das ist es, was wir hier machen. Wir machen Therapie! Und nicht Beschäftigungstherapie! Das wär falsch" (Werkstattleiter 2008).

Obwohl nur eine der untersuchten Werkstätten konzeptionell kunsttherapeutisch arbeitet, stellen alle Befragten neben den Aspekten zur emanzipatorischen Handlungskompetenz heraus, dass die künstlerische Betätigung auch therapeutische Auswirkungen auf die Jugendlichen haben kann.

Die Interviewpartner stellen fest, dass künstlerisches Arbeiten als entspannender und beruhigender Prozess ganz besonders auch im Kontext des Vollzugsalltags gesehen werden kann. Des Weiteren verdeutlicht ein Werkstattleiter, dass beim künstlerischen Tätigsein reflexive Prozesse ausgelöst werden können. Er verdeutlicht, dass es in der Arbeit darum gehe, „Kontakt mit sich selbst her[zu]stellen". Dies zeige sich in der Arbeitssituation, wenn man die Jugendlichen z.B. frage: „An was denkst du eigentlich, wenn du gehämmert hast?" und sie antworten: „Nix." Somit stelle Bildhauerei eine Gelegenheit dar, in der man mit seinen Gedanken einfach nur bei sich selbst und nirgendwo sonst sein könne, „weil nix heißt, ich bin bei mir". Hintergründe dazu führt der Befragte folgendermaßen weiter aus:

„Und das sind diese Freiräume, die wir uns ja auch als Menschen selbst viel zu selten geben. Sondern immer nur noch entweder fremdbestimmt durch Arbeit, Schule (…) Und wo ist denn eigentlich das Zeitfenster, wo ich sag: ‚Ich tu was für mich.' Das ist vielleicht im Sport. Wenn man Sportler fragt: ‚Wie ist das denn, wenn du Rennrad fährst oder joggst, an was denkst du?' ‚Ja meistens an gar nichts, ich genieße diese

Bewegung'. Also auch ein Moment, wo ich bei mir bin. Also ich denk, das ist das auch hier. Also erstmal dieser Zugang zu mir, dass ich an nichts denke. Also bei mir sein zu können, über das Medium".

Dieses beschriebene Phänomen des alleinigen Bei-sich-selbst-seins beschreibt der Psychologe Mihaly Csikszentmihalyi (1998) als „Flow"-Effekt, als eine Situation, in der man fast meditativ, in sich selbst ruht ohne sich von äußeren Reizen beeinflussen zu lassen.

Weiterführend veranschaulicht ein Werkstattleiter mit Rückgriff auf den Psychoanalytiker Winnicott, dass die Bildhauerwerkstatt einen Raum bezeichne, der im Gegensatz zu anderen kriminalpädagogischen Institutionen einen freiheitlichen Charakter habe:

> „Hier weiß ich, hab ich ja keine Sanktionen zu erwarten. Das ist ja etwas, was [die Jugendlichen; S.F.] im Gehirn umschalten müssen, (…). Wir hören schon viel von Sozialpädagogen, dass für viele [Jugendliche; S.F.] diese Werkstatt (…) die positiv aktivierende Ressource ist, weil's im Umfeld eigentlich nur kracht und rauscht und es zu Hause und in der Schule überall nur Dinge gibt, die nicht positiv sind. Die Werkstatt ist wie ein positiv besetzter Raum".

Folglich bildet die Bildhauerwerkstatt für die Jugendlichen eine Möglichkeit, eigene Stärken zu entwickeln und sich mit sich selbst auseinanderzusetzen, ohne dass sie bei Fehlverhalten sogleich schwerwiegende Konsequenzen zu befürchten haben müssen. Hier zeigt sich die paradoxe Situation, in der sich die künstlerische Arbeit im Sanktionskontext des Strafvollzuges befindet. Einer der Werkstattleiter erläutert dies aus der Perspektive der Jugendlichen:

> „Ich komm zwar im Rahmen einer Auflage oder auch Straf- und Bewährungsauflage hierher, bin sanktioniert worden, (…) komm aber in einen Raum, der mir wiederum Freiheit schenkt, also dass mir eigentlich meine Strafe wieder meinen Raum schenkt, um mich selbst zu erfahren".

Dabei stellen den Gegenstand dieser Erfahrungen die entstehenden künstlerischen Objekte dar, die als solche Ausdruck der eigenen Persönlichkeit sind und sich somit der Jugendliche „in einer gewissen Weise in diesem Kunstwerk verarbeitet oder bearbeitet oder sich abarbeitet" (Werkstattleiter 2008).

Eine der Befragten stellt fest, dass einige Jugendliche während der künstlerischen Aktivität darüber hinaus auch tatbezogene Reflexionsprozesse entwickeln: „Und es geht ja auch darum, in der Arbeit über die Straftat noch mal nachzudenken". Dazu verdeutlichen die Werkstattleiter, dass den Jugendlichen keine selbstreferenziellen Themen vorgegeben werden, sondern dass derartige lebensweltliche oder tatbezogene Reflexionen auf freiwilliger Basis geschehen.

Folglich zeigt sich hier in der künstlerischen Betätigung innerhalb der Bildhauerwerkstätten ausdrücklich das von Richter-Reichenbach (2004a, S. 146ff.) benannte hohe Ich-

Potenzial ästhetischer Prozesse, das förderliche, bzw. therapeutische Auswirkungen auf das Verhalten der Person beinhalten kann.

5   Fazit

Bei der Analyse der Untersuchungsergebnisse zur künstlerisch-pädagogischen Praxis in Bildhauerwerkstätten stand das Erziehungsziel bei kriminellen Jugendlichen im Mittelpunkt der Betrachtung. Da jene Jugendlichen und Heranwachsenden Entwicklungspotenziale im Bereich von Sozialisations- und Persönlichkeitsfaktoren aufweisen können (vgl. Göppinger 1983; Myschker 2005, S. 461) und damit in diesen Bereichen einen Unterstützungsbedarf zeigen, kann es als besonders bedeutsam erachtet werden, dass Bildhauerei in diesen Punkten zentrale Erfahrungsmöglichkeiten für die Jugendlichen vorzuweisen scheint.

Im Bereich der sozialen Kompetenzen fördert die bildhauerische Aktivität insbesondere innerhalb des gegebenen festen Projektrahmens die sozialverträgliche Interaktion zwischen den Gruppenmitgliedern der Werkstatt. „Die Kunst ist sozusagen ein Vehikel der Kommunikation" (Werkstattleiter 2008).

Für den Bereich der selbstbezogenen Erfahrungen können als wichtigste Aspekte die Selbstwirksamkeitserfahrungen und die Förderung von Selbstwertgefühl hervorgehoben werden, da die Jugendlichen lernen, „dass sie was schaffen können" (Werkstattleiterin, 2008). Dies bildet zugleich einen großen Unterschied zu anderen Interventionsformen, weil durch künstlerische Tätigkeit zwangsläufig Produkte bzw. Ergebnisse visualisierbar werden, die das eigene Potenzial vor Augen führen. Durch das „Er-Schaffen" von Kunstwerken können Erfahrungen von Erfolg und Stolz in Bezug auf die eigene Persönlichkeit hervorgebracht werden.

Bedeutsam scheint, dass die zentralen herausgearbeiteten Erfahrungspotenziale der Bildhauerei auch gleichzeitig in einigen Aspekten kriminalpräventive Ansatzpunkte darstellen, da Kongruenzen zu spezifischen Schutzfaktoren gefunden werden konnten (vgl. Walkenhorst 2008, S. 718; Myschker 2005, S. 450). Aufgrund dessen kann gefragt werden, ob die hier untersuchte künstlerische Betätigung kriminalpräventiven Charakter haben kann. Ein Diskurs scheint in diesem Punkt insbesondere angemessen, weil keiner der interviewten Experten explizit in den Werkstätten einen resozialisierenden Auftrag sieht. Anhand der hier durchgeführten Untersuchung muss jedoch offen bleiben, inwieweit sich die Erfahrungen in den Bildhauerwerkstätten auf das Handeln in anderen Lebensbereichen auswirken und somit Präventionscharakter haben können. Skeptisch muss dabei besonders auch der zeitlich begrenzte Rahmen und die starke zeitliche Variabilität der künstlerischen Tätigkeit in den Werkstätten betrachtet werden, so dass Aussagen zu langfristigen Lernprozessen und konkreten Einflüssen auf das Verhalten an dieser Stelle nicht getroffen werden können.

Auch sei in diesem Zuge auf Hiller verwiesen, der das Wesen der Erziehung Jugendlicher in riskanten Lebenslagen nicht darin sieht, sich auf die Stärkung von Resilienz- bzw. Schutzfaktoren und damit auf eine Stärkung der Persönlichkeitsentwicklung sowie sozialen und selbstbezogenen Kompetenzen zu stützen. Er betont vielmehr die Wichtigkeit, den Jugendlichen durch Alltagsbegleitung Kompetenzen in verschiedenen „Teilkarrieren" zu vermitteln. Dazu zählt er Themen wie Ausbildung, Beschäftigung, Finanzen, Legalität, soziale Beziehungen und soziales Netz, Gesundheit, Zeitmanagement, Umgang mit Ämtern, Behörden, Aufenthalt und Wohnung (vgl. Hiller 2007, S. 266-274). Derartige Forderungen nach einer lebensweltorientierten Förderung finden sich in den Bildhauerwerkstätten nur bedingt durch die sachliche Nähe zu spezifischen Handwerksberufen wieder.

Letztlich kann mit Blick auf die Persönlichkeitsdimensionen krimineller Jugendlicher in der Bildhauerei eine adäquate Auseinandersetzungs- und auch Beschäftigungsmöglichkeit gesehen werden, die besonders auch im Strafvollzug im Rahmen von Arbeit oder auch innerhalb der Freizeitgestaltung sinnvoll erscheint. Denn Selbstbestimmung und Eigenverantwortlichkeit können speziell im Strafvollzug, im Hinblick auf die Merkmale der „totalen Institution" (Goffman, zit. n. Bammann 2006, S. 153), als förderlich erachtet werden: Da der Vollzugsalltag größtenteils fremdbestimmt gestaltet ist (vgl. Walkenhorst 2008), bietet sich in der Bildhauerwerkstatt eine Möglichkeit, selbstständig und selbstbestimmt Leistungsfähigkeit zu erlernen. Salzmann (1983, S. 33ff.) bezeichnet deshalb kreativ-künstlerische Tätigkeiten im Strafvollzug auch als „Zerreißprobe", da unter „extremen, lebensreduzierenden Bedingungen" Phantasie und Kreativität von den Insassen gefordert werden, was im Haftalltag sonst keine Rolle spiele. Diesbezüglich stellt Bammann (2007, S. 209) für Kreativität in Haft heraus, dass sie als „heilende Kraft" z.B. Prisonierungseffekten wie sozialer Isolation und psychischen Problemen entgegenwirken könne. Auch diese These kann durch die Beobachtungen der Experten zu therapeutischen Effekten der Bildhauerei untermauert werden.

Bildhauerwerkstätten erfüllen die gesetzliche Forderung der Arbeitspflicht im Rahmen der Haft (§ 37 JStVollzG) indem sie weder unproduktiv noch abstumpfend ist, „wie z.B. das Tütenkleben in den Anstalten vergangener Zeiten" (Diemer/Schoreit/Sonnen 2008, S. 1000). In Bezug auf die inhaltliche Qualität der zu erbringenden Arbeitsleistungen außerhalb des Vollzugs stellt auch Hüser-Granzow (2007, S. 93) heraus, dass es sich bei Bildhauerwerkstätten im Vergleich zu anderen Institutionen nicht um repressiv strafende Maßnahmen handelt. Im Vergleich zu anderen Arbeitsleistungen wie „Laubharken, Schneeschieben oder Papieraufsammeln" (ebd.) stellt Bildhauerei keine studipe Arbeit dar und erfüllt somit auch die gesetzlichen Forderungen für richterliche Weisungen (§10 Abs. 1 Nr. 4 JGG).

Im Hinblick auf die Tatsache, dass härteren Bestrafungen kontraproduktive Effekte auf eine Rückfallvermeidung zuzuschreiben sind (vgl. Heinz 2008, S. 58), kann anhand der Untersuchungsergebnisse festgestellt werden, dass bei Arbeitsleistungen in Bildhauerwerkstätten ein Beispiel für eine – im wahrsten Sinne des Wortes – produktive Sanktionierung krimineller Verhaltensweisen vorliegt. Künstlerische Maßnahmen könnten demnach folglich auch im Rahmen von jugendstrafrechtlichen Diversionsmaßnahmen diskutiert werden, ohne sich dem Vorwurf einer sogenannten „Kuschelpädagogik" stellen zu müssen.

Abschließend bleibt festzuhalten, dass sich Bildhauerwerkstätten in einem Spannungsfeld zwischen Bestrafung und Förderung befinden, und dabei die Anforderungen einer solchen „Spagat"Position erfüllen: Als kriminalpädagogische Institutionen bilden sie im Rahmen des jugendstrafrechtlichen Maßnahmenkatalogs effektive Möglichkeiten zur Sanktionierung krimineller Verhaltensweisen. Gleichzeitig bieten sie eine subjektzentrierte Förderung des sozialen und persönlichen Entwicklungspotenzials junger Menschen durch Kunst und Kreativität.

„Schöpferisch-Sein ist (…) nicht ein Merkmal ganz weniger großer Geister, sondern ein Kennzeichen vieler, ja letztlich eines jeden Menschen" (Matussek 1979, S. 7).

Literatur

Bammann, Kai (2006): Kunst und Kunsttherapie im Strafvollzug. In: Zeitschrift für Strafvollzug und Kriminellenhilfe, Heft 3, S. 150-154.

Bammann, Kai (2007): Kunst im Jugendstrafvollzug- Ansätze aus der Arbeit der Projektgruppe „kunst.voll" in der JVA Bremen. In: Zeitschrift für Jugendkriminalrecht und Jugendhilfe. Heft 2, S. 206-211.

Bammann, Kai/Feest, Johannes (2007): Kunst und Kreativität in Haft- Folgerungen aus einer Umfrage. In: Neue Kriminalpolitik, Heft 2, S. 42-47.

Benz, Martina (2003). Überschreitungen. In: Mauern öffnen e.V.: Rose auf Schildkröte. 25 Jahre Bildhauerwerkstatt in der Justizvollzugsanstalt Bremen, S. 58-61.

Bogner, Alexander/Menz, Wolfgang (2005): Das theoriegenerierende Experteninterview. In: Bogner, Alexander/ Littig, Beate/Menz, Wolfgang (2005): Das Experteninterview. Theorie, Methode, Anwendung, 2. Aufl. Wiesbaden: VS- Verlag.

Bundschuh, Konrad/Heimlich, Ulrich/Krawitz, Rudi (2007): Wörterbuch Heilpädagogik. Bad Heilbrunn: Verlag Julius Klinkhardt.

Csikszentmihalyi, Mihaly (1998): Flow- Das Geheimnis des Glücks. 6. Aufl. Stuttgart: Klett-Cotta.

Diemer, Herbert/Schoreit, Armin/Sonnen, Bernd-Rüdeger (2008): Jugendgerichtsgesetz mit Jugendstrafvollzugsgesetzen. Kommentare. Heidelberg: C. F. Müller Verlag.

Göppinger, Hans (1983): Der Täter in seinen sozialen Bezügen. Ergebnisse aus der Tübinger Jungtäter- Vergleichsuntersuchung. Berlin/Heidelberg u. a.: Springer-Verlag.

Heinz, Wolfgang (2008): „Bei der Gewaltkriminalität junger Menschen helfen nur härtere Strafen!" In: Neue Kriminalpolitik 2/2008, S. 50-59.

Hillenbrand, Clemens (2006): Einführung in die Pädagogik bei Verhaltensstörungen. 3. Aufl., München: Ernst Reinhardt Verlag.

Hiller, Gotthilf Gerhard (2007): „Resilienz"- für die pädagogische Arbeit mit Risikojugendlichen und mit jungen Erwachsenen in brisanten Lebenslagen ein fragwürdiges, ja gefährliches Konzept? In: Opp, Günther/Fingerle, Michael (Hrsg.): Was Kinder stärkt. Erziehung zwischen Risiko und Resilienz, 2. Aufl., München/Basel: Ernst Reinhardt Verlag, S. 266-278.

Hüser-Granzow, Susanne Mariyam (2007): Kunst statt Strafe. Eine dialogische Betrachtung der ästhetischen Arbeit in der Sozialen Arbeit am Beispiel einer Bildhauerwerkstatt für kriminell gewordene Jugendliche. Stuttgart: ibidem-Verlag.

Jugend-Kultur-Werkstatt Falkenheim Gallus e.V. (Hrsg.) (1997): Kunsttäter- Bildhauerwerkstatt Gallus. Rodenbach: Avinus Verlag.

Lösel, Friedrich/Bliesener, Thomas (2003): Aggression und Delinquenz unter Jugendlichen. München/ Neuwied: Luchterhand.

Mäckler, Andreas (Hrsg.) (2000): 1460 Antworten auf die Frage. Was ist Kunst? Köln: Dumont.

Matussek, Paul (1979): Kreativität als Chance. Der schöpferische Mensch in psychodynamischer Sicht. München: Piper.

Meihofer/Siebel (1997): Bildhauerei mit Jugendlichen. In: Jugend-Kultur-Werkstatt Falkenheim Gallus e.V. (1997): Kunsttäter, 39-46.

Myschker, Norbert (2005): Verhaltensstörungen bei Kindern und Jugendlichen. Erscheinungsformen-Ursachen-Hilfreiche Maßnahmen. 5. Aufl., Stuttgart: Kohlhammer.

Myschker, Norbert (2007): Pädagogische Kunsttherapie- Ein ganzheitliches Konzept zur Prävention und Rehabilitation von Lern- und Verhaltensstörungen. In: Mutzeck, Wolfgang/Popp, Kerstin: Professionalisierung von Sonderpädagogen. Standards, Kompetenzen und Methoden. Weinheim: Beltz, S. 250-275.

Reinheckel, Susann (2010): Von der Haft in die Freiheit- Überlegungen zu einem gelingenden Übergang in das Erwachsenenalter. In: Schildmann, Ulrike (Hrsg.) (2010): Umgang mit Verschiedenheit in der Lebensspanne. □ad Heilbrunn: Klinkhardt, 225-231.

Reitzle, Matthias (2002): Ein gutes Selbstwertgefühl im Jugendalter- Garant für eine erfolgreiche Biographie? In: Merkens, Hans/Zinnecker, Jürgen (Hrsg.): Jahrbuch Jugendforschung. Opladen: Leske+ Budrich, 145-172.

Richter-Reichenbach, Karin-Sophie (2004a): Kunsttherapie. Bd. 1: Theoretische Grundlagen. Münster: Daedalus Verlag.

Richter-Reichenbach, Karin-Sophie (2004b): Kunsttherapie. Bd. 2: Kunsttherapeutische Praxis. Münster: Daedalus Verlag.

Richter, Hans-Günther (1984): Pädagogische Kunsttherapie. Düsseldorf: Schwann

Roth, Heinrich (1971): Pädagogische Anthropologie. Bd. II: Entwicklung und Erziehung. Hannover: Hermann Schroedel Verlag KG.

Salzmann, Iris (1983): Lernort Knast– eine Zerreißprobe. In: Zeitschrift für Kunstpädagogik 6/1983, S. 33-40.

Schmitt, Bertram (2008): Kriminologie, Jugendstrafrecht, Strafvollzug. 5. völlig neu bearbeitete und erweiterte Aufl., Münster: Verlag Alpmann und Schmidt.

Sozialgesetzbuch (SGB)- Achtes Buch (VIII)– Kinder- und Jugendhilfegesetz (26.06.1990). Aus: http://www.gesetze-im-internet.de; Zugriff: 20.01.09.

Stein, Roland (2008): Grundwissen Verhaltensstörungen. Baltmannsweiler: Schneider Verlag Hohengehren GmbH.

Theunissen, Georg (1980): Ästhetische Erziehung bei Verhaltensauffälligen: Grundlagen curricularer und extra-curricularer Arbeitsformen in der ästhetischen Erziehung Verhaltensauffälliger. Frankfurt am Main u. a.: Lang.

Theunissen, Georg (2010): Zur Aktualität der „heilpädagogischen Kunsterzeihung" nach Erwin Heckmann. In: Vierteljahreszeitschrift für Heilpädagogik und ihre nachbargebiete, 79. Jg. S.115-130.

Walkenhorst, Philipp (2008): Jugendstrafvollzug. In: Gasteiger-Klicpera, Barbara/Julius, Henri/Klicpera, Christian (Hrsg.): Sonderpädagogik der sozialen und emotionalen Entwicklung. Reihe: Handbuch Sonderpädagogik, Bd. 3 Göttingen u. a.: Hogrefe Verlag, S. 701-727.

www.ahett-kunsttherapie.de, Zugriff am 15.09.2010.

www.kunsttaeter.de, Zugriff am 15.09.2010.

www.mauern-oeffnen.de, Zugriff am 17.10.2010.

Zimbardo, Philip G./Gerrig, Richard J. (1999): Psychologie. 7. Aufl., Berlin u.a.: Springer.

Konfrontative Pädagogik und Anti-Aggressivitäts-Training: Licht in das Dunkel einer (schwarzen?) Pädagogik

Svende Annamarie Schäfer

1   Einführung

Kaum ein Konzept hat die fachwissenschaftlichen Gemüter in den letzten zehn Jahren so erhitzt wie das der „Konfrontativen Pädagogik".

Ursprünglich als tertiäre Präventionsmaßnahme für delinquente Mehrfachtäter im Jugendstrafvollzug gedacht, hat sich das in den 1990er Jahren in Deutschland etablierte „Anti-Aggressivitäts-Training" (AAT ®)[1] schon längst verselbstständigt. Zunächst wurde dem AAT nachträglich eine eigene Pädagogik übergestülpt, um es anschließend teuer zu vermarkten. Quasi über Nacht rief die Konfrontative Pädagogik Sozialpädagogen, Erziehungswissenschaftler, Heil- und Sonderpädagogen, Förderschullehrer, Menschenrechtler sowie Kriminologen auf den Plan. Das Resultat ist eine bis heute nicht enden wollende kontrovers geführte und emotionsgeladene Diskussion rund um die Frage, wie jugendliche delinquente, aggressive Mehrfach- und Intensivtäter zu resozialisieren sind.

Keine Frage: Konfrontative Pädagogik boomt! Wagt man jedoch einen Blick hinter die Fassade dieses imposanten Namens, ergeben sich vielfältige theoretische, konzeptionelle und praktische Unklarheiten. Man stößt auf pädagogische Programme, die im Jugendstrafvollzug, in pädagogischen Institutionen, in der freien Jugendarbeit oder an Schulen durchgeführt werden und sich dann z.B. „Konfrontatives Interventionsprogramm", „Coolness-Training" oder eben „Anti-Aggressivitäts-Training" nennen. All diesen Ansätzen gemeinsam ist der Verweis auf die dahinter stehende Konfrontative Pädagogik – die jedoch wiederum ursprünglich aus eben jenem AAT resultierte.

Es scheint, als sei die Konfrontative Pädagogik ein Irrgarten, in dem alle Ansätze und Trainingsprogramme, die sich das Element der Konfrontation auf die Fahnen geschrieben haben, Unterschlupf finden können, und dadurch theoretische Fundierung bzw. Legitimation erlangen. Durch zahlreiche, nebeneinander stehende Fragmente, die mehr oder minder verbindlich aufeinander verweisen, wird jedoch der fachwissenschaftliche Diskurs erschwert.

Aufgrund dessen hat der vorliegende Aufsatz das Ziel, den Entwicklungsgang der Konfrontativen Pädagogik darzustellen. Hierbei werden die konzeptionellen Grundlagen und das Curriculum des AATs ebenso beleuchtet wie die daraus entstandene Konfrontative Pädagogik. Im Zuge einer kritische Auseinandersetzung mit Konfrontativer Pädagogik soll

---

[1] Der Name Anti-Aggressivitäts-Training ist, ebenso wie der des vornehmlich ambulant durchgeführten Coolness-Trainings, urheberrechtlich geschützt. Im weiteren Verlauf wird auf das entsprechende Hinweiszeichen ® verzichtet.

jedoch vor allem der immer wiederkehrende Vorwurf der Rückkehr zu einer ‚Schwarzen Pädagogik' diskutiert werden.

2 Irrwege einer ‚Pädagogik':
Ein Training als Ausgangspunkt für die Konfrontative Pädagogik

Die Konfrontative Pädagogik entstand in Anlehnung an das 1986 in der Jugendanstalt Hameln entwickelte und mittlerweile patentrechtlich geschützte Anti-Aggressivitäts-Training. Nach dessen erfolgreicher Umsetzung in die Praxis des Jugendstrafvollzugs wurde daraufhin auf Basis des AATs eine eigenständige ‚Konfrontative Pädagogik' konzipiert, der man das AAT im Nachhinein zuordnete (vgl. Weidner 2004, S. 21).

Auf Grundlage der Konfrontativen Pädagogik respektive des AATs werden fortlaufend neue Trainingsprogramme und Methoden entwickelt, die inzwischen v.a. im ambulanten Bereich der Kinder- und Jugendhilfe, in sozialpädagogischen Einrichtungen sowie im schulischen Bereich Anwendung finden.

Durch diesen ungewöhnlichen zeitlichen Verlauf der Entwicklung wird es zu einem schieren Akt der Unmöglichkeit, die Konfrontative Pädagogik als theoretisches Gerüst einerseits und das AAT als praktische Umsetzungsform bzw. Trainingsprogramm andererseits als logisch aufeinander aufbauend darzustellen. Im Übrigen scheint es darüber hinaus auch kein Werk der Verfechter zu geben, das diese Darstellungsweise anstrebt. Den Protagonisten der Konfrontativen Pädagogik gelingt es deshalb kaum, ein einheitliches, klar strukturiertes und logisch erscheinendes pädagogisches Grundlagenkonzept zu entwerfen. Stattdessen existieren zahlreiche nebeneinander stehende Fragmente, auf die sich offensichtlich nach Belieben bezogen werden kann, was insgesamt zu konzeptionellen Unklarheiten führt. Dadurch steht die Konfrontativen Pädagogik auf tönernen Füßen, wirkt an vielen Stellen in sich inkonsistent und kann nicht umfassend nachvollzogen werden.

3 Konzeptionelle Grundlagen des Anti-Aggressivitäts-Training

Im Folgenden soll der Vorwurf der Inkonsistenz Konfrontativer Pädagogik durch die Darstellung der theoretischen und praktischen Grundlagen des AATs in aller Kürze erläutert werden.

3.1 Theoretische Erklärungsansätze für Aggression

Das AAT gibt an, vor allem durch *lerntheoretische Überlegungen* geprägt zu sein, verwiesen wird hierbei v.a. auf die *operante Konditionierung nach Skinner* und das *Lernen am Modell nach Bandura*. Darüber hinaus finden auch Gedanken des *Psychoanalytischen Triebmodells nach Freud* sowie *Elemente der Frustrations-Aggressions-Hypothese nach Dollard et al.* Eingang in den theoretischen Hintergrund. Aspekte soziologisch orientierter

Theorien zur Entstehung von Aggression wie der Ansatz des *Labeling Approach*, die *Theorie des differenziellen Lernens* und die *Subkulturtheorie* werden ebenfalls detailliert dargestellt. Dem interessierten Leser sei an dieser Stelle das im Rahmen einer Dissertation entstandene Werk Jens Weidners „Anti-Aggressivitäts-Training für Gewalttäter" (1990) ans Herz gelegt. Hier werden dem Leser Theorien en masse bezüglich psychologischer, ätiologischer und kriminologischer Ursachenerklärungen von Gewalt dargelegt, um abschließend die Relevanz dieser Theorien im Rahmen des AATs zu diskutieren. Dabei gelingt es Weidner, aus insgesamt *sieben* Erklärungsansätzen mindestens ein Teilelement hervorzuheben, das die Spezifik des AAT zu untermauern vermag.

Erklärungen, welche Faktoren entscheidend für die Hinwendung zu deviant-aggressivem Verhalten der jugendlichen Zielgruppe waren, werden von Weidner dabei jedoch weitestgehend außer Acht gelassen. Mittels der dargestellten theoretischen Erklärungsansätze sollen lediglich Begründungen gefunden werden, wie aggressives Verhalten verlernt werden kann (vgl. Plewig 2010, S. 154). Diese Vorgehensweise ist insofern nicht verwunderlich, als dass sowohl innerhalb des Anti-Aggressivitäts-Trainings als auch innerhalb der Konfrontativen Pädagogik die Gründe für deviantes Verhalten nur eine periphere Rolle spielen. Die Ursachen hierfür werden fast ausschließlich in einem Defizit der Persönlichkeitsstruktur aggressiver Gewalttäter gesucht und gefunden.

3.2 Konzeptionelle Grundlagen: Theoretische und praktische Vorbilder

Innerhalb der Darstellung theoretischer und praktischer Vorbilder ergibt sich ein ähnliches Problem, wie es bereits in 3.1 demonstriert wurde. Um die therapeutische bzw. verhaltensmodifikatorische Wirkung des AAT zu erklären bediente man sich gleich fünf unterschiedlicher theoretischer Zugänge sowie eines Vorbildes aus der Praxis.

Das AAT ist geprägt durch die *provokative Therapie nach Farrelly*, übernommen wird hierbei v. a. „die verblüffende, humorvolle, paradox-interventionistische Alltagsarbeit, die gerade bei sozialarbeitsgesättigten Probanden auf Neugier und Interesse stößt" (Weidner 2004, 19). Hinzu kommen als unterstützende Elemente verbale Provokationen (versehen mit Sarkasmus, Ironie, Übertreibung und Verzerrung), um Gewaltrechtfertigungen in Frage zu stellen. Diese Methode erfolgt dabei aus der Annahme heraus, dass jugendliche Gewalttäter psychisch weitaus belastbarer sind als gemeinhin von Pädagogen angenommen wird (vgl. Farrelly/Matthews 1987, S. 964).

Durch konfrontative Elemente soll im Sinne der *konfrontativen Therapie nach Corsini* ein schlagartiger Erkenntnisgewinn erzielt werden, der automatisch eine Verhaltensänderung des Klienten herbeiführt. Corsini folgend muss der Therapeut seinen Klienten dabei ‚verraten', indem er ihn, zu seinem Besten, tief, schlagartig und unerwartet verletzt und damit die Verteidigungsmechanismen der Person „mit einem schnellen, wirksamen und koordinierten Angriff" (Corsini 1987, S. 569) durchschlägt. Dabei werden die ursprünglich favorisierten konfrontativen Techniken (Psychodrama nach Moreno/ behind-the-back technique nach Corsini) im AAT weitgehend durch andere ersetzt. Zu nennen sei an dieser Stelle der ‚heiße Stuhl', der auf den ‚hot seat' des Gestalttherapeuten Perls zurückgeht, inzwischen aber von Weidner umfassend modifiziert wurde, sowie Fritz Redls ‚Life-Space-Interview'.

Sowohl aus der Darstellung der *Theorie der persönlichen Konstrukte von Kelly* als auch aus der *Theorie der kognitiven Dissonanzen nach Festinger* sowie der *rational-emotiven Therapie nach Ellis* lassen sich kaum neue Erkenntnisse für die theoretische Basis der Konfrontativen Pädagogik ziehen. Es entsteht der Eindruck, v.a. die beiden letzteren Ansätze wurden nur zum Zwecke aufgenommen, die Konfrontative Therapie zu untermauern und das wichtigste Element des AAT, die Konfrontation, mit Verweis auf verschiedene Theorien wissenschaftlich fundiert legitimieren zu können.

Darüber hinaus fanden einige Elemente der durch die Literatur der vergangenen Jahre hinreichend bekannten *Glen Mills Schools* (GMS) in Pennsylvania (USA) Eingang in das AAT bzw. wurden modifiziert übernommen (z.B. Colla 2001). Bezeichnenderweise brüstete sich der Gründer und langjährige Leiter der Einrichtung Ferrainola damit, „auf Theorie verzichten zu können" (Plewig 2010, S. 153). Die GMS sind angesiedelt im Bereich zwischen Jugendhilfe und Jugendstrafvollzug und sollen Mehrfachauffälligen durch ein stringentes Erziehungsprogramm die Chance bieten, nicht mehr kriminell zu werden.

In Glen Mills herrscht ein hochtransparenter und verbindlicher Normenkodex, der das Verhalten der Jugendlichen und Heranwachsenden in allen Lebensbereichen reglementiert. Nahezu unumgängliche Normverstöße werden sowohl von den Jugendlichen untereinander als auch vom Betreuungspersonal direkt angesprochen, konfrontiert und kritisiert. Auf der Basis einer Positive Peergroup Culture soll die Gruppe dem einzelnen die Richtung weisen, „sie spornt an, sie konfrontiert, sie unterstützt und sie sanktioniert" (Tischner 2004, S. 41).

4 Das Anti-Aggressivitäts-Training

Das patentrechtlich geschützte Anti-Aggressivitäts-Training wurde 1986 in der Jugendanstalt Hameln von einer interdisziplinären Arbeitsgruppe entwickelt. Es ist im Bereich tertiärer Prävention, bei der Bewährungs- und Jugendgerichtshilfe, im §10 JGG und im Strafvollzug anzusiedeln (vgl. Weidner 2004, S. 21). Der Begriff ist beim Marken- und Patentamt geschützt, um eine seriöse Praxisumsetzung zu gewährleisten. Die Trainer-Lizenz kann u.a. am Institut für Sozialarbeit und Sozialpädagogik (ISS) Frankfurt im Rahmen einer berufsbegleitenden Zusatzausbildung erworben werden. Seit dem Jahre 1994 wurden ca. 600 Sozialarbeiter und Psychologen lizenziert (vgl. Weidner 2010, S. 74).

Im Folgenden wird das „AAT im ‚klassischen' Stil" (Schanzenbächer 2003, S. 65), wie es u. a. von Weidner zwischen 1987 und 1995 in der Jugendanstalt Hameln durchgeführt wurde, erläutert. Wie jedes andere Programm wird auch das AAT fortlaufend modifiziert, so wird seit 2000 die Fortsetzung des ‚alten' AATs unter dem Namen „AAT pro"[2] durchgeführt, das im Offenen Vollzug der JA Hameln angesiedelt ist.

---

[2] Für nähere Informationen vgl. Heilemann/Fischwasser von Proeck (2003), S. 257 ff.

4.1 Zielgruppe und curriculare Faktoren

Zur Zielgruppe des AATs zählen nicht-psychotische, gewalttätige Wiederholungstäter, die zu einer Jugendstrafe verurteilt wurden und die ihr übermäßig gewalttätiges Handeln als alltägliche Konfliktlösungsstrategie begreifen (vgl. Weidner 2004, S. 21).

An jeder Trainingsgruppe nehmen sechs bis acht gewalttätige Wiederholungstäter teil, denen das Curriculum innerhalb eines Zeitraums von sechs Monaten vermittelt werden soll. Pro Woche finden zwei drei- bzw. fünfstündige Sitzungen statt. Die Sitzungen werden durch Einzelgespräche und Ausgänge, sowie durch Sport- und Freizeitaktivitäten unterstützt (vgl. Weidner 1990, S. 168).

Das AAT zeichnet sich v.a. dadurch aus, dass es delikt- bzw. defizitspezifisch ist, das inhaftierungsrelevante Delikt steht also im Vordergrund. Die Trainer sollen sich als Widersacher (Antagonisten) zu den gewalttätigen Teilnehmern begreifen. Hierbei werden sie durch Nicht-Professionelle, die eine Affinität zum Thema ‚Gewalt' nachweisen können, sowie durch Ex-Teilnehmer des AATs unterstützt (ebd., S. 136 ff.).

Das Curriculum des AATs beinhaltet *6 Eckpfeiler* (vgl. hierzu Burschyk et al. 1997, S. 75 ff.), von denen der bekannteste sicherlich der der *Provokationstests* ist, die sich an der Provokativen Therapie nach Farrelly orientieren. Die Teilnehmer werden während der Sitzung unangekündigt durch Situationen provoziert, die früher zu gewalttätigem Verhalten geführt haben. Die Provokationen werden innerhalb des Trainings so lange wiederholt, bis der Teilnehmer imstande ist durch Humor, Abwiegeln und Ironisieren die Lage zu entschärfen. Eine Besonderheit hierbei ist der in der Fachdiskussion sehr umstrittene ‚*Heiße Stuhl*'. Seinen Ursprung hat er in dem vom Psychiater Moreno entwickelten ‚leeren Stuhl', das Pendant dazu ist der vom Gestalttherapeuten Perls entwickelte ‚hot seat'. In der Sitzung nimmt darauf die Person Platz, die an ihrem Gewaltverhalten arbeiten will. Ziel der um den heißen Stuhl herumsitzenden Gruppe ist es, alle Gedanken auf die Person zu lenken, um ihr optimale Hilfestellung zu geben, nicht aber, die Person selbst ins Kreuzfeuer der Kritik zu nehmen.

Der ‚heiße Stuhl' des AAT hat sich inzwischen von Perls ‚hot seat' entfernt, denn es geht nicht nur darum, dem Klienten in einer Gruppensitzung ein sachliches Feedback zu geben, sondern vor allem darum, ihn zu attackieren und dadurch zum Nachdenken über seine gewalttätigen Verhaltensweisen zu bewegen. Weidner stellt jedoch deutlich klar: Aggressive Menschen, die die Fähigkeit besitzen sich in ihr Opfer einzufühlen, die ihr gewalttätiges Verhalten in Frage stellen und nicht stolz darauf sind, brauchen keinen ‚Heißen Stuhl', sondern Zuwendung und Ermutigung, um einen anderen, menschenfreundlicheren Weg gehen zu können (vgl. Weidner 1997b, S. 14).

4.2 Evaluation

Die Rückfalluntersuchung des Kriminologischen Forschungsinstituts Niedersachsens (KFN) von Thomas Ohlemacher et al. (2001) lieferte erste unabhängige Ergebnisse zur Wirkung des AAT unter dem Gesichtspunkt der Legalbewährung. Im Zeitraum von 1987 bis 1997 wurden Gewaltrückfälle[3] von AA-Trainierten und AA-Untrainierten[4] nach ihrer Haftentlassung untersucht. Zusammenfassend lässt sich aus der Untersuchung schließen, dass die jeweiligen Rückfallraten, -häufigkeiten und –geschwindigkeiten von Trainierten und Untrainierten nahezu identisch sind. Lediglich die Rückfallintensität ist bei den AA-Teilnehmern geringer, allerdings befindet sich die Differenz immer noch unterhalb der Grenze zur statistischen Signifikanz. Die positiven Effekte des AAT liegen somit nicht über dem Durchschnitt anderer Maßnahmen in Hameln. Die Autoren der Wirkungsstudie räumen ein, dass die identische Gewaltrückfallrate „auch auf einen allgemein wirksamen ‚Hameln-Effekt'[5] zurückzuführen sein [kann] – und damit nicht ‚gegen' das AAT, sondern primär ‚für' Hameln [spricht]" (Ohlemacher et al. 2001, S. 381). Zusammenfassend lässt sich festhalten, dass das AAT zwar offensichtlich eine wirksame Methode zur Gewaltreduzierung darstellt, überlegen ist sie anderen Maßnahmen jedoch nicht.

Diese Ergebnisse decken sich zu großen Teilen auch mit weiteren breit angelegten Untersuchungen zur Effizienz des Anti-Aggressivitäts-Trainings, wie sie z.B. von Stefan Schanzenbächer (2003) oder der katholischen Fachhochschule Mainz (Eggert/Feuerhelm 2007) durchgeführt wurden.

5 Vom AAT zu einer eigenständigen Pädagogik – Die Konfrontative Pädagogik als Sammelbecken für Methoden einer ‚Schwarzen Pädagogik'?

Aus den theoretischen Überlegungen und praktischen Umsetzungen des AATs entstanden die ersten Beiträge zur Konfrontativen Pädagogik, für die bis heute einige wenige Autoren verantwortlich sind (insb. Jens Weidner, Reiner Gall, Rainer Kilb sowie Stefan Schanzenbächer). Auf ein umfangreiches theoretisches Gerüst wurde, im Gegensatz zu den Überlegungen zum AAT, verzichtet. In der Darstellung einer Konfrontativen Pädagogik wird, wenn überhaupt, lediglich noch auf Farrellys Provokative Therapie, Corsinis Konfrontative Therapie und die praktische Umsetzung der Glen Mills Schools Bezug genommen.

Doch selbst nach intensiver Durchforstung einschlägiger Literatur rund um das Thema stellt sich die Frage: *Und was genau ist nun eigentlich Konfrontative Pädagogik?* Aufgrund zahlreicher nebeneinander stehender Aufsätze zu theoretischen Grundlagen und praktischen Konzepten der Verfechter fällt es schwer, den Überblick zu behalten.

Nach Plewig (2010, S. 153) werden unter dem konfrontativen Ansatz

1. Strukturen zur Regelung von Normen in einem pädagogischen Rahmen (z.B. die US-amerikanischen Glen-Mills-Schools; vgl. Colla 2001)

---

[3] Im Mittelpunkt der Untersuchung steht demnach nicht die allgemeine Rückfallrate, sondern der Gewaltrückfall als Teilmenge der allgemeinen Rückfälle. Die allgemeine Rückfallrate der AA-Trainierten liegt bei 63%. Zu näheren Informationen vgl. Ohlemacher et al. (2001), S. 365 f.

[4] Der Begriff ‚Untrainierte' bedeutet in diesem Zusammenhang, dass mit dieser Personengruppe kein AAT durchgeführt wurde. Andere, z. T. auch deliktspezifische Maßnahmen (Sozialtherapie/ ‚Gesprächskreis Tötungsdelikte') sind in Hameln zur Behandlung junger Strafgefangener durchaus durchgeführt worden.

[5] Die JA Hameln war zum Zeitpunkt der Untersuchung eine Anstalt mit relativ vielen Angeboten zur Therapie und Resozialisierung Inhaftierter.

2.   ein situativer Handlungsstil pädagogischer Fachkräfte
3.   die inszenierte Form von Kursen (z.B. das bereits dargestellte AAT)

gebündelt.

Wenn von ‚Konfrontativer Pädagogik' gesprochen wird, ist in aller Regel zunächst jenes pädagogische Handlungsrepertoire gemeint, das sich an einem autoritativen Erziehungsstil orientiert, „der geprägt ist von Wärme, Zuwendung, verständlich begründeten, klaren Strukturen und Grenzen, entwicklungsgerechten Aufgaben und Herausforderungen" (Silbereisen/Schuhler 1993, S. 278).

Konfrontative Pädagogik geht von einem Erziehungsverständnis im Umgang mit aggressiven Jugendlichen aus, nach dem „80% der professionellen Persönlichkeit einfühlsam, verständnisvoll, verzeihend und non-direktiv bleiben (sollten), aber um 20% Biss, Konflikt- und Grenzziehungsbereitschaft ergänzt werden" (Weidner 2004, S. 16) müssen. Kurzum: Die Jugendlichen sollen mit ihrem abweichendem Verhalten und den sich daraus ergebenden Grenzüberschreitungen auf Grundlage einer empathischen Beziehung konfrontiert werden. Die Zauberformel hierzu lautet „Konfrontation mit Herz" (Weidner 2004). Konfrontative Pädagogik versteht sich dabei als Erziehungsultima-ratio, als letztes Mittel für mehrfachauffällige, „erziehungsresistente Jugendliche" (Weidner 2001, S. 7), bei denen davon ausgegangen wird, dass sie Freundlichkeit und Milde als Schwäche der Pädagogen werten (vgl. ebd., S. 17).

Diese Vorstellungen vom Umgang mit jugendlichen aggressiven, delinquenten Mehrfach- und Intensivtätern sind die Basis aller oben aufgelisteten Grundformen. In ihrer weiteren Ausgestaltung differieren die praktischen Umsetzungen einer Konfrontativen Pädagogik jedoch z.T. erheblich, auch bedingt durch den jeweiligen Einsatzort. ‚Die eine' Konfrontative Pädagogik existiert nicht, was den interdisziplinären Diskurs rund um deren Methoden insgesamt deutlich erschwert. Während sich die angewandte Praxis in Form von Kursen wie dem AAT oder CT noch relativ leicht beschreiben lässt, ist die Vielfalt entstandener pädagogischer Einrichtungen, die auf Basis der Konfrontativen Pädagogik arbeiten, kaum darzustellen.

Hinzu kommt, dass gerade im ambulanten oder teilstationären Bereich der Erziehungsarbeit mit gewalttätigen bzw. delinquenten Kindern und Jugendlichen v.a. jene Programme in den Fokus gelangen, die einstimmig als Negativbeispiele anzusehen sind (z.B. die immer wieder ausführlich diskutierten Erziehungspraktiken der ‚Hallig-Gruppe'; vgl. Musial/Trüter 2005). Wo mit blanker Regelkonformität, mit Demütigung und Unterwerfung, mit „manifester Angst und Gewalt" (Herz 2005a, S. 309) unter dem Deckmantel einer ‚pädagogischen Maßnahme' gearbeitet wird, da entsteht ein enormer Risikofaktor für die gesunde psychische Entwicklung der Kinder und Jugendlichen und eine Verletzung des im Grundgesetz verbrieften Rechts auf gewaltfreie Erziehung (vgl. ebd. 2005, S. 306).

Beruft man sich auf Erziehungspraktiken solcher Art, dann ist es leicht, Konfrontative Pädagogik als sogenannte ‚Schwarze Pädagogik' abzutun. Unter dem Begriff der ‚Schwarzen Pädagogik' können alle (historischen und aktuellen) Erziehungspraktiken zusammengefasst werden, die Gewalt, Kontrolle und Einschüchterung als Mittel der erzieherischen Beeinflussung beinhalten (vgl. Stechow 2010, S. 135).

Allein: Wegen einzelner ‚schwarzer Schafe' kann und darf nicht gleich ein kompletter Ansatz per se als *‚schwarz'* angesehen werden. Allerdings bedarf es im Zuge dieses Vorwurfs die Beachtung weiterer kritischer Anmerkungen, die im Folgenden dargestellt werden.

6   Kritische Anmerkungen zur Konfrontativen Pädagogik

Konfrontative Pädagogik polarisiert insbesondere in Bezug auf die Frage nach einer *dauerhaften Verhaltensänderung* der betroffenen Jugendlichen, durch den Vorwurf des *Machtmissbrauchs* sowie aus *verfassungsrechtlicher Sicht.* Diese Kritikpunkte werden im Folgenden aufgegriffen. Zunächst sollen jedoch erneut die *theoretischen und konzeptionellen Schwächen* beleuchtet werden, die als ebenso zentraler Kritikpunkt zu beurteilen sind, häufig jedoch zu Gunsten einer Darstellung fragwürdiger Erziehungspraktiken außen vor bleiben.

6.1 Theoretische und konzeptionelle Schwächen

Die Schwierigkeit einer stringenten Darstellung der Konfrontativen Pädagogik, sowie des dazugehörigen AATs, ergibt sich wie schon erläutert aus der Tatsache, dass das Pferd sprichwörtlich von hinten aufgezäumt wurde.

Am Anfang steht demnach das im Hamelner Strafvollzug durchgeführte AAT, das sich zwar eines umfassenden Theoriegebäudes erfreut, als solches aber zunächst noch nicht der Konfrontativen Pädagogik zugeordnet werden konnte, alldieweil diese als solche noch gar nicht existierte. Erst Jahre später wurde die Konfrontative Pädagogik im Nachhinein dazu entwickelt und das AAT dieser Pädagogik zugeordnet, vermutlich in der (begründeten) Hoffnung, das AAT durch den Bezug auf eine komplette Pädagogik auch außerhalb des Jugendstrafvollzugs salonfähig machen zu können.

Betrachtet man das theoretische Gerüst des zuerst entwickelten AATs, ist zunächst die Vielfalt an Ursachenerklärungen von Aggression sowie an theoretischen und praktischen Vorbildern auffällig. Es scheint allerdings so, als hätte die Mehrzahl der methodischen Zugänge nur deshalb Eingang in das theoretische Gerüst des AATs gefunden, um konfrontative Techniken legitimieren und deren Erfolg wissenschaftlich belegen zu können. Dabei stehen die aufgeführten Theorien bzw. Ansätze in vielen Fällen zusammenhangslos nebeneinander und wirken dekontextualisiert. Plewig (2010, S. 156) merkt an, dass die Autoren bzw. die zitierten Konzepte vielfach etwas anderes oder gar Gegensätzliches meinten als das, wozu sie im AAT verwendet würden. Verwiesen sei an dieser Stelle z.B. auf die Praktiken des ‚heißen Stuhls', der sich in extremer Weise von seinem ursprünglichen Vorbild entfernt hat.

Unabhängig davon, dass die dem AAT zugrunde liegenden Ansätze nicht auf ihre „wechselseitige Verträglichkeit" (ebd.) hin geprüft werden, kann man generell davon ausgehen, dass eine so breit angelegte theoretische Basis weniger Aufschluss bietet, denn vielmehr Unsicherheit und Verwirrung stiftet.

Möglicherweise ergibt sich daraus der Umstand, dass die Darstellung der Konfrontativen Pädagogik auf mannigfaltige Erklärungsansätze und ein umfassendes Theoriegerüst verzichtet. Es ergeben sich zwar vielfache Anlehnungen an namhafte Wissenschaftler (zu nennen seien an dieser Stelle Corsini, Farrelly, Flitner, Fromm, Hurrelmann, Kohlberg/ Turiel, Nohl und nicht zuletzt Redl), auf die sich nach Belieben bezogen wird, ein umfassender Überblick über die theoretischen Hintergründe, die für die Entwicklung des AAT einstmals entscheidend waren, sucht man aber vergeblich.

Daraus entsteht jedoch der fast schon bizarre Sachverhalt, dass ein Trainingsprogramm auf eine wesentlich breiter angelegte theoretische Grundlage zurückgreifen kann als die Pädagogik, der es zugeordnet wird. Dieses Missverhältnis ist insofern bedenklich, als dass es für Trainingsprogramme nicht üblich ist, sich eines solch umfassenden Theoriegerüsts zu bedienen, wohingegen eine ,Pädagogik', die sich nur auf zwei Therapieansätze und ein praktisches Modell bezieht, kaum im Sinne einer solchen ernst genommen werden kann und darf.

An dieser Stelle muss deshalb die Frage erlaubt sein: *Ist Konfrontative Pädagogik denn tatsächlich eine eigenständige Pädagogik?*

Die Protagonisten der Konfrontativen Pädagogik betonen, dass ihre Pädagogik grundsätzlich nichts Neues ist, sondern ausschließlich bestehende Theorien und Ansätze bündelt. Der Begriff der Konfrontativen Pädagogik steht ausdrücklich *nicht* für eine in sich geschlossene pädagogische Theorie, vielmehr kann von einer eigenständigen „Methodik in der Pädagogik" (Weidner 2001, S. 7) gesprochen werden. Fraglich bleibt dann allerdings, warum aufgrund der Namensgebung eine solche Irreführung überhaupt eingeleitet wurde. In diesem Zusammenhang muss auch die Frage aufgeworfen werden, inwieweit Konfrontation nicht ein Wesensmerkmal jeder Erziehung ist. Konfrontationen im erzieherischen Alltag sind schon immer etwas Selbstverständliches gewesen, „weil genügend gesunde Konfrontation etwas mit Ernstnehmen und Wahrhaftigkeit zu tun hat und überhaupt nicht mit Verfolgungsstrategie" (Becker 2005, S. 341).

Weidner gelingt es dennoch, das Bild einer „neuen originären Konfrontativen Pädagogik" (Rödler 2005, S. 345) zu entwerfen und die ihr zugeordneten Trainingsansätze patentrechtlich schützen zu lassen.

6.2 ,Prosoziales Verhalten' als Leerformel

Eines der Erziehungsziele Konfrontativer Pädagogik ist die Förderung prosozialen Verhaltens, zu der auch der Aufbau von Empathie gehört, also die Fähigkeit, sich in andere Personen und ihr Erleben einzufühlen, sie zu verstehen und ihr künftiges Handeln vorauszusehen (vgl. Stimmer 2000, S. 161). Konfrontative Elemente sollen bei den Jugendlichen jene Empathie gegenüber den Opfern und Schuldgefühle wecken. ,Wer Empathie mit den Opfern hat, produziert keine' – so die Annahme. Allerdings weist Plewig (2010, S. 161) in Anlehnung an Palloks (2006) darauf hin, dass Empathiefähigkeit nur begrenzt förderbar sei:

„Die Evaluation eines ‚Coolness'-Trainings mit so genannten rechtsradikalen, gewalttätigen Jugendlichen hat unter anderem erbracht, dass die Jugendlichen sich an ihre eigenen Mitwirkungshandlungen bei der Konfrontation anderer Teilnehmer detaillierter erinnerten als an die Erfahrungen, die sie selbst auf dem heißen Stuhl machten."

Dies ist zum einen ein Zeichen dafür, dass konfrontative Praktiken wie die des ‚heißen Stuhls' nicht unbedingt eine Perspektivübernahme, ein Einfühlen in das Opfer, zur Folge haben. Für die plötzliche und nachhaltige Veränderung der auf dem heißen Stuhl ‚bearbeiteten' Personen gibt es weder empirische Belege noch plausible entwicklungspsychologische Begründungen (vgl. Plewig 2010, S. 155). Man muss sich an dieser Stelle jedoch vor allem fragen, ob dies nicht ein Signal dafür ist, dass sich die Gewaltbereitschaft und ‚Aggressionslust' der Teilnehmer lediglich zugunsten einer verbalen Form verschiebt. Auch wenn die Konfrontative Pädagogik eine Erziehung zur Gewaltfreiheit anstrebt, vermitteln insbesondere die Praxisbeispiele den Eindruck, dass zwar eine Abwendung der Teilnehmer von physischer Gewalt erreicht werden soll, die Vermeidung verbaler Attacken jedoch nicht als erklärtes Ziel gelten kann. Oder, drastischer formuliert: Konfrontative Pädagogik „organisiert Lernen am falschen Modell. Der Jugendliche bekommt von den Trainern […] signalisiert, dass sein stichelndes, den Konfrontierten demütigendes Verhalten akzeptabel, gar erwünscht sei" (Plewig 2010, S. 161). Ein Konzept, das von sich selbst behauptet, unter Berücksichtigung der Lerntheorie entstanden zu sein, muss jedoch auch tatsächlich mit friedfertigen (und dazu gehört auch verbale Friedfertigkeit!) Rollenmodellen arbeiten. Gewaltlosigkeit in der Erziehung muss ein wesentlicher Bestandteil der Erziehung zur Gewaltlosigkeit sein (vgl. Schwind/Baumann 1989, zit. n. Walter 2002, S. 72). Diese Gewaltlosigkeit ist durch wiederkehrende verbale Übergriffe in der Konfrontativen Pädagogik kaum gegeben – wie also, so fragt man sich, wird auf diese Weise *prosoziales Verhalten* erlernt?
Die deutsche Konfrontative Pädagogik arbeitet, angelehnt an die Glen Mills Schools, mit *prosozialem Gruppendruck*, um die Einhaltung von allgemeinen Regeln, Normen und Grenzen zu garantieren. Deren Festlegung erfolgt scheinbar selten auf Grundlage von Aushandlungsprozessen und so muss die Frage erlaubt sein, inwieweit unter ‚prosozialem Verhalten' nicht evtl. nur eine „gefährlich weite und unbestimmte Leerformel" (Walter 2002, S. 69) verstanden wird, die mit den durch die Institution geltend gemachten Regeln und Normen aufgefüllt wird. Es erscheint deshalb fraglich, wie prosoziales Verhalten von den Jugendlichen praktisch erprobt werden kann, wenn eher eine „passive Anpassung" (Becker 2005, S. 341) an geltende Normen und Gesetze erwünscht wird. Regeln und Grenzen, die von Jugendlichen nicht nachvollzogen werden können, führen im besten Falle zu einer angepassten Konformität. Unreife Internalisierungen von Normen und Regeln bringen jedoch keine dauerhafte Verhaltensänderung mit sich, sie führen lediglich zu einer vorübergehenden Verhaltensanpassung. Diese dauert oft nur so lange, wie der Druck besteht (vgl. Walter 2002, S. 71), wodurch die Jugendlichen jedoch in einen „Zustand permanenter Unmündigkeit" (Geissler 1983, S. 156) versetzt werden.

Rainer Gall (1997, S. 150) bringt die „Grenzziehung mit Herz", also die Verbindung zwischen Empathie und Konfrontation, die die Konfrontative Pädagogik in seinen Augen ausmacht, auf den Punkt: Abweichendes Verhalten „verstehen, aber nicht einverstanden sein". In diesem Zusammenhang moniert Jens Weidner (2001, S. 22) die in Deutschland vorherrschende Vorgehensweise, dass Kleines als ‚jugendtypisch' entschuldigt und nur bei Großem interveniert werde. Er hält dazu an, sich einzumischen, nicht wegzuschauen, weil ein Eingreifen ungemütlich oder lästig ist, sondern den Jugendlichen zu widersprechen und ihnen Werte und Normen unserer Gesellschaft zu vermitteln. Vor diesem Hintergrund folgt die Konfrontative Pädagogik dem Leitsatz: „Auf Kleinigkeiten reagieren, damit Großes erst gar nicht geschieht!" (ebd.).

Kritiker wie Stephan Becker (2005, S. 339f.) wenden hier ein, dass die Konfrontative Pädagogik sich dazu habe verführen lassen, Jugendlichen, die nach Auseinandersetzungen suchen, mit Macht zu begegnen und mit ihnen Machtspiele zu spielen. Diese sind jedoch, so Timm Kunstreich (2000, S. 35), relativ einseitig, denn alle Machtmittel sind auf Seiten der Professionellen gebündelt: die Definitionsmacht über das ‚Defizit' der Jugendlichen ebenso wie die Tatsache, dass die Pädagogen immer in der Überzahl sind, und letztendlich auch die Sanktionsmacht. Dem auf der Hand liegenden Einwand Kunstreichs kann sich nur angeschlossen werden. Die Problematik besteht aber nicht nur in dem deutlichen Machtgefälle zwischen Professionellen und Klienten, denn ein solches besteht darüber hinaus in fast allen Bereichen von Erziehung mehr oder minder ausgeprägt, sondern vor allem in der Gefahr des Machtmissbrauchs.

Sowohl die Festlegung von Regeln und Normen als auch das Instrument der Konfrontation bergen dabei ein hohes Risiko in sich. Nicht alle konfrontativ arbeitenden Pädagogen scheinen die sich (für sie selbst!) ergebenden ‚Grenzen der Grenzziehung' internalisiert zu haben. Die Ausübung von Macht bis hin zur persönlichen Verletzung von Delinquenten kann dann mit der Begründung legitimiert werden, die Intervention geschehe ‚zum Wohle' der Betroffenen. Mit dieser Argumentation erscheint quasi jede Form von Erziehung gerechtfertigt (vgl. Plewig 2010, S. 154).

Als Beispiel sei hier noch einmal auf die Halliggruppe verwiesen: Die Praxisbeobachtung von Musial/ Trüter (2005, S. 219 f.) berichtet von einem Kind, das aufgrund seiner Tischmanieren konfrontiert wird. Ganz offensichtlich gibt es in der Halliggruppe einen streng festgelegten Normenkatalog, der sogar das Essen bei Tisch reglementiert. Schon hier setzt eine Form der Machtausübung an, die kaum gerechtfertigt werden kann, ihren Höhepunkt findet sie jedoch in der umgesetzten, extrem demütigenden Konfrontation, die sich jeder Verhältnismäßigkeit entzieht. Herz (2005a, S. 309) spricht hierbei von der Arbeit mit „manifester Angst und Gewalt", ein Indiz für eine extreme Form des Machtmissbrauchs. „Erkennbar ist eine Lust am Strafen, am Erniedrigen. Das Exzessive macht die Methode dieser ‚Konfrontation' aus" (Plewig 2010, S. 154).

Einem etwaigen Machtmissbrauch müsste zwingend durch die Anwesenheit eines Psychologen sowie durch kontinuierliche Supervision vorgebeugt werden, beides wird jedoch im Rahmen der Darstellung Konfrontativer Pädagogik niemals explizit gefordert.

Das Ausbleiben einer solchen Empfehlung kann mit Rödlers Worten (2005, S. 350) als „pädagogisch-therapeutischer Kunstfehler im engen Sinn" begriffen werden. Es bleibt zu hoffen, dass in der Praxis auch ohne explizite Forderung der Protagonisten der Konfrontativen Pädagogik darauf zurückgegriffen wird.

6.4 Der Verhältnismäßigkeitsgrundsatz: Von der Wahl des mildesten Mittels

Neben allgemeinen pädagogisch fragwürdigen Erziehungsmitteln steht jedoch auch die verfassungsrechtliche Sicht konfrontativ arbeitender Programme im Mittelpunkt der kritischen Betrachtung. Gemäß dem Grundgesetz Art. 1 Abs. 1 ist die Würde des Menschen unantastbar. Alle staatliche Gewalt ist verpflichtet, sie zu achten und zu schützen.

Der Begriff der ‚Würde' hat hierbei mehrere Komponenten, zu denen u.a. die Wahrung menschlicher Identität gehört. Dieses Gebot schließt ein, dass Glaubens-, Moral- oder politische Überzeugungen nicht vorgeschrieben, erforscht oder unterdrückt werden dürfen. Aus derlei Überzeugungen entstehende strafbare Handlungen müssen bzw. dürfen zwar nicht geduldet werden. Im Rahmen von Sanktionsmaßnahmen, beispielsweise im Strafvollzug, dürfen solche Überzeugungen aber auch nicht ‚gebrochen' werden. Der Staat darf seinen Bürgern nur legales, jedoch kein moralisches Handeln abverlangen.

Laut Rzepka (2005) sehen und beachten die Programme des Anti-Aggressivitäts-Trainings diese Grenzen nicht, im Gegenteil: Sie zielten ganz bewusst auf die Änderung von Einstellungen, moralischen Empfindungen wie Reue und Scham ab und erwarteten, dass die Teilnehmer sich sozial engagieren, indem sie etwa Schwächeren helfen. Hinzu komme darüber hinaus, dass die Methode den Einzelnen in entwürdigende Situationen bringe, die in keiner Weise gerechtfertigt seien.

Hinzu kommt, so Rzepkas weitere Ausführungen, dass alle staatlichen Zwangsmaßnahmen dem verfassungsrechtlich garantierten Verhältnismäßigkeitsgrundsatz unterliegen. Im Einzelnen bedeutet dies, dass die Maßnahme geeignet zur Zweckerreichung sein muss und zu dieser Erreichung das jeweils mildeste Mittel zu wählen ist. Darüber hinaus muss sie angemessen sein, weshalb der Eingriff seiner Intensität nach nicht außer Verhältnis zur Bedeutung der Sache und den vom Bürger hinzunehmenden Einbußen stehen darf.

Auf Grundlage dieses Verhältnismäßigkeitsgrundsatzes muss die Frage aufgeworfen werden, inwieweit die Wahl des mildesten Mittels zur Zweckerreichung durch die Indikation des AATs gegeben ist. Betrachtet man im Zuge dessen die Evaluationsergebnisse des AAT, kommt man zu folgender Zusammenfassung:

„Die Frage, ob konfrontative Techniken tatsächlich anderen Formen der pädagogischen und therapeutischen Intervention überlegen sind, kann zum jetzigen Zeitpunkt nur verneint werden. Entgegen der selbstbewussten Darstellung der Protagonisten kann keineswegs davon ausgegangen werden, dass mit AAT und CT Verhaltensänderungen einhergehen, die in ihrer Qualität und Nachhaltigkeit anderen Formen der systematischen, fachlichen pädagogisch-therapeutischen Intervention überlegen sind" (Simon 2003, S. 40).

Allein die Tatsache, dass die Promotoren des AAT und CT selbst zu der aufschlussreichen Erkenntnis gelangen, dass ihre Maßnahmen ‚nicht besser, aber auch nicht schlechter' als andere pädagogische Interventionen seien, muss zu denken geben. Ob das AAT oder Konfrontative Pädagogik in diesem Fall als mildestes Mittel gelten kann, muss aufgrund der angewandten Methoden und der damit einhergehenden extremen Belastung für die Teilnehmer stark bezweifelt werden.

7   Der Aufruf zur ‚selbstkritischen Neuorientierung' – Eine Schlussbetrachtung

Es bleibt zunächst festzuhalten: Eine wie auch immer gestaltete Pädagogik müsste aufgrund der oben dargestellten theoretischen Mängel, pädagogisch und entwicklungspsychologisch fragwürdigen Methoden sowie der unzureichenden rechtlichen Legitimation als hinfällig betrachten werden.

Umso erstaunlicher erscheint es, dass dies in der Praxis nicht der Fall ist. Konfrontative Pädagogik erfreut sich einer immer größer werdenden Beliebtheit, nicht zuletzt durch eine enorme Medienpräsenz. Gerade das Fernsehen scheint mit der Verbrechensfurcht der Bevölkerung zu spielen und weckt dadurch ein gewisses „Sensationsinteresse" (Walkenhorst 2004, S. 74), insbesondere dann, wenn die Jugendlichen ‚endlich mal richtig rangenommen werden' (vgl. Simon 2003, S. 40). Der Fernsehzuschauer sieht dabei Szenen, in denen lautstark provozierende, distanzlose Trainer ihre jugendlichen Teilnehmer auf dem ‚heißen Stuhl' bis aufs Äußerste reizen.

Dies soll bald der Vergangenheit angehören. Jens Weidner (2010, S. 79) kündigt in einer seiner letzten Stellungnahmen zur Kritik rund um ‚seine' Konfrontative Pädagogik an, dass für die Medienarbeit der Zukunft der Leitsatz „weniger ist mehr" gelte. Durch die verzerrte Darstellung der Medien sei ein „rein punitiv provokatives Bild der Programme" gezeichnet worden. Durch die einseitige mediale Darstellungsweise gehe jedoch der Blick für die langwierige vorangehende Beziehungsarbeit und die durch die Teilnehmer erbrachte Interventionserlaubnis verloren.

„So hilfreich die Medienarbeit in den neunziger Jahren zur Etablierung der AAT-Programme war" (ebd.) – jetzt wird offensichtlich lieber wieder ungestört hinter verschlossener Tür gearbeitet. Im Ringen um die Erschließung des Marktes im Umgang mit delinquenten Heranwachsenden hat man sowieso genug erreicht. Die Lizenz zum AAT- bzw. Coolness-Trainer kostet zum momentanen Zeitpunkt immerhin 3.200 € – und augenscheinlich sind die Kurse gut besucht.

Geht man also weiter der Frage nach, was Konfrontative Pädagogik so attraktiv macht, muss man zu dem Schluss kommen, dass sie eine Reaktion auf gesellschaftliche Verhältnisse, auf „allgemeines Krisengeschrei, dem Ruf nach klaren Antworten und Eindeutigkeit" (Simon 2003, S. 39) darstellt. Die ‚Erziehungsratgeber' der Gegenwart heißen nicht mehr „Kinder brauchen Liebe" (Bettelheim), sondern der „Erziehungsnotstand" (Gerster/ Nürnberger), „Tyrannen müssen nicht sein: Warum Erziehung nicht reicht" (Winterhoff) oder eben nach Rainer Gall (2005) „Warum es gut sein kann, böse Menschen schlecht zu behandeln" (vgl. auch Stechow 2010, S. 135).

„Wo in Interaktionsprozessen der verschiedenen sozialarbeiterischen und pädagogischen Interventionen bei der Bekämpfung von Gewalt nur in mühevollen Prozessen, kleinen Schritten sowie unter der Bedingung der Ermöglichung länger anhaltender tragfähiger Beziehungen zwischen Professionellen und Klienten Erfolge erzielt werden können – und wo diese gelegentlich auch ausbleiben – werden Interventionstechniken attraktiv, die vorgeben, innerhalb eines klar strukturierten inhaltlichen und zeitlichen Rahmens erfolgreich(er) sein zu können" (Simon 2003, S. 39).

Hierin liegen der Charme und die Gefahr solcher neuen pädagogischen ‚Trends', denn sie versprechen schnelle und effiziente Lösungen auf eigentlich komplexe Fragen (vgl. Herz 2005b, S. 367). Insofern bedient die Konfrontative Pädagogik an dieser Stelle nur die „Bereitschaft auf Seiten der Professionellen […], tradierte Grundsätze in Frage zu stellen und neue ‚konfrontative' Vorgehensweisen an ihre Stelle zu setzen" (Scherr 2002, S. 309). Unter marktwirtschaftlichen Aspekten stößt sie damit in eine Lücke.

Apropos Marktwirtschaft: Besonders interessant ist, dass Jens Weidner (2010) im Zuge seiner „selbstkritischen Neuorientierung" eine (aggressive) Wettbewerbskultur als Negativvorbild für gewalttätige junge Menschen erachtet. Diese seien quasi der ungekonnte Prototyp der in Deutschland gesellschaftlich akzeptierten Wirtschaftsmachtspiele. Künftig solle deshalb die gesellschaftskritische Perspektive stärker betont werden.

Die dargestellte Argumentationskette kann nur in Ansätzen nachvollzogen werden und so bleibt unter dem Strich die Frage, ob Weidner nicht in diesem Zusammenhang vielmehr die Werbetrommel für seinen Ratgeber für Führungskräfte und solche, die es werden wollen, rührt („Die Peperoni-Strategie. Wie Sie Ihre berufliche Aggression konstruktiv nutzen"). Des Weiteren muss in Verbindung mit dem von Weidner aufgegriffen Stichwort der ‚Negativvorbilder' erneut die Frage verbunden sein, ob das provozierende, konfrontierende und verbal aggressive Trainerverhalten im Rahmen der Konfrontativen Pädagogik nicht deutlich höheren negativen Vorbildcharakter in sich birgt als eine bundesrepublikanisch aggressive Wettbewerbskultur. Darüber hinaus stellen die grenzwertige Kommunikation und eine spezifische Form des ‚Vorgeführt-Werdens' in Konfrontationssituationen entwürdigende Maßnahmen dar, die die eigene Selbstachtung und das Ehrgefühl verletzen (vgl. Plewig 2010, S. 163), und deshalb verfassungsrechtlich mindestens (!) fragwürdig sind. Auch das ‚non-touch-Gebot' und die Klarstellung, dass Konfrontationen auf dem ‚heißen Stuhl' konzentriert, aber nicht lautstark durchgeführt werden sollen (vgl. Weidner 2010, S. 78), können diese Zweifel nicht ausräumen.

Nahezu pathetisch wird Weidner allerdings, als er sein Ass aus dem Ärmel schüttelt: die E-Mail eines ehemaligen Trainingsteilnehmers aus dem Jahre 1989, der Kontakt zu seinem ehemaligen Trainer sucht und von seinem nach der Haftentlassung aufgebauten Leben erzählt. Unbestritten sind an dieser Stelle die Ernsthaftigkeit und die Dankbarkeit des Verfassers. Ebenso unzweifelhaft kann jeder Pädagoge mit Stolz erfüllt sein, von einem ehemaligen Klienten einen solchen Dank zu erhalten, stellt er doch eine der größten Auszeichnungen über die geleistete Arbeit überhaupt dar. Allein: Die Schädlich- bzw. Nützlichkeit sowie die Legalität bzw. Illegalität erzieherischen Handelns darf nicht durch die

Zustimmung der Betroffenen ermittelt werden (und zwar weder im Vorfeld, noch im Nachhinein). Selbst bei etwaiger Zustimmung kann dies nicht als Beleg für die Güte eines Programms verstanden werden (vgl. ebd. 2005, S. 307).

Jens Weidner gelingt es nicht, wie von ihm angestrebt, den ‚bösen Schein' von ‚Gehirnwäsche' oder ‚Schwarzer Pädagogik' loszuwerden. Mit Blick auf die Definition von ‚*Schwarzer Pädagogik*' befindet sich die Konfrontative Pädagogik bestenfalls in einer *Grau*zone. Ferner bleibt sowohl der von ihm angestrebte Aspekt der „Selbstkritik" als auch der der „Neuorientierung" verborgen oder unzureichend durchdrungen.

Und so bleibt jene selbstkritische Neuorientierung wohl dem einzelnen Leser selbst überlassen, denn bei aller Kritik muss festgehalten werden: Es ist zu einem Großteil den Protagonisten der Konfrontativen Pädagogik zu verdanken, dass eine Erziehung, die vermehrt auf klare Strukturen, angemessene Regeln und Normen und konsequente Konfrontation setzt, wieder auf der Tagesordnung der fachwissenschaftlichen Debatte steht.

Jens Weidner und der Konfrontativen Pädagogik ist es dabei gelungen, Theoretiker und Praktiker aller pädagogischen Professionen in zwei Lager zu spalten und damit für frischen Wind im interdisziplinären Dialog zu sorgen. Einmal mehr muss man sich innerhalb einer Diskussion, der man sich kaum entziehen kann, auf die eigene pädagogische Linie besinnen – denn *keine Meinung* gilt an dieser Stelle nicht.

Literatur

Becker, Stephan (2005): Eine Bemerkung zur so genannten „Konfrontativen Pädagogik". In: Behindertenpädagogik 2005 (4), S. 339-342.

Burschyk, Leo/ Sames, Karl-Heinz/ Weidner, Jens (1997): Das Anti-Aggressivitäts-Training. Curriculare Eckpfeiler, Forschungsergebnisse. In: Weidner, Jens/ Kilb, Rainer/ Kreft, Dieter (Hrsg.): Gewalt im Griff. Neue Formen des Anti-Aggressivitäts-Trainings. Weinheim/ Basel, S. 74-90.

Colla, Herbert E. (2001): Glen Mills Schools. A private out-of-state residential facility. In: Colla, Herbert E./ Scholz, Christian/ Weidner, Jens (Hrsg.): Konfrontative Pädagogik. Das Glen Mills Experiment. Mönchengladbach, S. 55-91.

Corsini, Raymond J. (1987): Konfrontative Therapie. In: Corsini, Raymond J. (Hrsg.): Handbuch der Psychotherapie. 2. Aufl., München/ Weinheim, S. 555-569.

Ders. (2005): Erklärung von Lehrenden des Fachs Pädagogik bei Verhaltensstörungen an sonderpädagogischen Studienstätten. Stellungnahme zu dem Artikel ‚Härte und Sanktionen statt Empathie und Mitgefühl – Die konfrontative Pädagogik als letzte Chance für die Erziehungshilfe. In: Behindertenpädagogik 2005 (3), S. 306-308.

Eggert, Anne/ Feuerhelm, Wolfgang (2007): Evaluation des Anti-Aggressivitäts-Trainings und des Coolness Trainings. Forschungsbericht, Mainz.

Farrelly, Frank/ Matthews, Scott (1987): Provokative Therapie. In: Corsini, Raymond J. (Hrsg.): Handbuch der Psychotherapie. 2. Aufl., München/ Weinheim: Psychologie-Verlagsunion. S. 956-977.

Gall, Reiner (1997): „Verstehen, aber nicht einverstanden sein." Coolness-Training für Schulen. In: Weidner, Jens/ Kilb, Rainer/ Kreft, Dieter (Hrsg.): Gewalt im Griff. Neue Formen des Anti-Aggressivitäts-Trainings. Weinheim/ Basel, S. 150-171.

Gall, Reiner (2005): Warum es gut sein kann, böse Menschen schlecht zu behandeln! Ziele und Methoden des Coolness-Trainings (CT)® für Schulen. In: Koch-Laugwitz, Ursula/ Büchner, Roland (Hrsg.): Konfrontative Pädagogik. Neue Handlungsstrategien im Umgang mit Kindern und Jugendlichen als Täter und Opfer in einer erziehenden Schule. Berlin, S. 28-40.

Geissler, Erich E. (1982): Erziehungsmittel. Bad Heilbrunn.

Heilemann, Michael/ Fischwasser von Proeck, Gabriele (2003): Attraktivitäts-Training. Die Lehre von der „Guten Gestalt". In: Weidner, Jens/ Kilb, Rainer/ Jehn, Otto (Hrsg.): Gewalt im Griff – Band 3. Weiterentwicklung des Anti-Aggressivitäts- und Coolness-Trainings. Weinheim u. a. S. 257-280.

Herz, Birgit (2005a): Leserbrief von Birgit Herz an die Schriftleitung der ZfH. In: Behindertenpädagogik 2005 (3), S. 308-309.

Herz, Birgit (2005b): Ist die ‚Konfrontative Pädagogik' der Rede wert? In: Behindertenpädagogik 2005 (4), S. 355-373.

Kilb, Rainer (2006a): Offensichtlich ja! Eine Antwort auf B. Herz: ‚Ist die Konfrontative Pädagogik der Rede wert?'. In: Behindertenpädagogik 2006 (2), S. 183-198.

Kilb, Rainer (2006b): Weshalb und wozu „Konfrontative Pädagogik", AAT und CT? Der Versuch einer kritisch-theoretischen Verortung. In: Kilb, Rainer/ Weidner, Jens/ Gall, Reiner (Hrsg.): Konfrontative Pädagogik in der Schule. Anti-Aggressivitäts- und Coolnesstraining. Weinheim/ München, S. 93-106.

Kunstreich, Timm (2000): antiGEWALTiges Training. Aktionsprogramme – Erfahrungen, Probleme und Einsichten. In: sozialextra 2000 (5), S. 35-39.

Musial, Rebekka/ Trüter, Claudia (2005): Härte und Sanktionen statt Empathie und Mitgefühl. Die konfrontative Pädagogik als letzte Chance für die Erziehungshilfe? In: Zeitschrift für Heilpädagogik 2005 (56), S. 218-227.

Ohlemacher, Thomas/ Sögding, Dennis/ Höynck, Theresia/ Ethé, Nicole/ Welte, Götz (2001): Anti-Aggressivitäts-Training und Legalbewährung. Versuch einer Evaluation. In: Bereswill, Mechthild/ Greve, Werner (Hrsg.): Forschungsthema Strafvollzug. Baden-Baden. S. 347-386.

Palloks, Kerstin (2006): Cool sein auf Kommando? Konfrontative Pädagogik in der Praxis. Evaluierung einer Umsetzung des Projekt-Formates ‚Coolness-Training'. In: Unsere Jugend 2006 (4), S. 158-170.

Plewig, Hans-Joachim (2010): ‚Konfrontative Pädagogik'. In: Dörr, Margret/ Herz, Birgit (Hrsg.): „Unkulturen" in Bildung und Erziehung. Wiesbaden, S. 151 – 168.

Rödler, Peter (2005): Alternative zur „Kusstherapie"? In: Behindertenpädagogik 2005 (4), S. 343-355.

Rzepka, Dorothea (2005): Anti-Aggressivitäts-Training. Anmerkungen aus verfassungsrechtlicher und kriminologischer Sicht. In: Behindertenpädagogik 2005 (4), S. 373-384.

Schanzenbächer, Stefan (2003): Anti-Aggressivitäts-Training auf dem Prüfstand. Gewalttäter-Behandlung lohnt sich. Herbolzheim.

Scherr, Albert (2003): Das richtige Rezept für harte Jungs? In: sozialextra 2003 (4), S. 42-44.

Silbereisen, Rainer K./ Schuhler, Petra (1993): Prosoziales Verhalten. Bedingungen und Verläufe der Entwicklung. In: Markefka, Manfred/ Nauck, Bernhard (Hrsg.): Handbuch der Kindheitsforschung. Neuwied u.a. S. 275-287.

Simon, Titus (2003): Wo Zuwendung nicht hilft, hilft Konfrontation? Plädoyer für eine realitätsnahe Betrachtung von Anti-Aggressions-Trainings und anderen Strömungen „moderner" Konfrontationspädagogik. In: sozialextra 2003 (4), S. 38-41.

Schwind, Hans-Dieter/ Baumann, Jürgen/ Schneider, Ursula/ Winter, Manfred (1989): Gewalt in der Bundesrepublik Deutschland. Endgutachten der unabhängigen Regierungskommission zur Verhinderung und Bekämpfung von Gewalt (Gewaltkommission). Bochum.

Stechow, Elisabeth von (2010): Rückkehr zur schwarzen Pädagogik? Von Super Nannys und anderen Erziehungsnotständen. In: Dörr, Margret/ Herz, Birgit (Hrsg.): „Unkulturen" in Bildung und Erziehung. Wiesbaden, S. 135 – 149.

Stimmer, Franz (2006): Grundlagen des Methodischen Handelns in der Sozialen Arbeit. 2., überarb. u. erw. Aufl., Stuttgart.

Tischner, Wolfgang (2004): Konfrontative Pädagogik. Die vergessene „väterliche" Seite der Erziehung. In: In: Weidner, Jens/ Kilb, Rainer (Hrsg.): Konfrontative Pädagogik. Konfliktbearbeitung in Sozialer Arbeit und Erziehung. Wiesbaden. S. 25-50.

Walkenhorst, Philipp (2004): Anmerkungen zu einer „Konfrontativen Pädagogik". In: Weidner, Jens/ Kilb, Rainer (Hrsg.): Konfrontative Pädagogik. Konfliktbearbeitung in Sozialer Arbeit und Erziehung. Wiesbaden. S. 51-90.

Walter, Joachim (2002): Was kann der deutsche Jugendstrafvollzug von den Glen Mills Schools lernen? In: Deutsches Jugendinstitut e.V. (Hrsg.): Die Glen Mills Schools, Pennsylvania, USA. Ein Modell zwischen Schule, Kinder- und Jugendhilfe und Justiz? Eine Expertise. 2., geringf. erg. Aufl., München, S. 59-75.

Weidner, Jens (1990): Anti-Aggressivitäts-Training für Gewalttäter. Ein deliktspezifisches Behandlungsangebot im Jugendvollzug. Bonn.

Weidner, Jens (1997a): Das schwierige Geschäft: Grenzen ziehen. Warum es gut ist, böse Buben schlecht zu behandeln. In: Sozialmagazin 1997 (1), S. 33-37.

Weidner, Jens (1997b): Der „heiße Stuhl" in der sozialpädagogisch-psychologischen Praxis. In: Weidner, Jens/ Kilb, Rainer/ Kreft, Dieter (Hrsg.): Gewalt im Griff. Neue Formen des Anti-Aggressivitäts-Trainings. Weinheim/ Basel, S. 10-14.

Weidner, Jens (2001): Vom Straftäter zum Gentleman? Über konfrontative Pädagogik als Erziehungs-ultima ratio. In: Colla, Herbert E./ Scholz, Christian/ Weidner, Jens (Hrsg.): Konfrontative Pädagogik. Das Glen Mills Experiment. Mönchengladbach. S. 7-49.

Weidner, Jens (2004): Konfrontation mit Herz. Eckpfeiler eines neuen Trends in Sozialer Arbeit und Erziehungswissenschaft. In: Weidner, Jens/ Kilb, Rainer (Hrsg.): Konfrontative Pädagogik. Konfliktbearbeitung in Sozialer Arbeit und Erziehung. Wiesbaden. S. 11-24.

Weidner, Jens (2010): Konfrontative Pädagogik. Erfreuliche Forschungsergebnisse und selbstkritische Neuorientierung beim Anti-Aggressivitäts- und Coolness-Training (AAT/CT ®). In: Dörr, Margret/ Herz, Birgit (Hrsg.): „Unkulturen" in Bildung und Erziehung. Wiesbaden, S. 71 – 85.

Zu den Autorinnen

Margarete Bergen, Dipl.-Päd., Studium: Diplom-Pädagogik (2004-2009), Titel der Diplomarbeit: „Kulturbedingte Verhaltensstörungen am Beispiel von Kindern und Jugendlichen mit Aussiedlerhintergrund" (2009), Aktuelle berufliche Tätigkeit: Sozialpädagogische Familienhilfe bei der Caritas Heilbronn-Hohenlohe.

Kathrin Dietrich, Dipl.-Päd., Studium: Diplom-Pädagogik (2004-2010), Titel der Diplomarbeit: „Tertiäre Kriminalprävention in Deutschland und der Schweiz im Vergleich" (2009), Aktuelle berufliche Tätigkeit: Mitarbeiterin im Projekt „Übergangsmanagement als Aufgabe des Sozialdienstes" in der Justizvollzugsanstalt Rockenberg.

Sarah Fissmann, Dipl.-Päd., Studium: Diplom-Pädagogik (2003-2009), Titel der Diplomarbeit: „Künstlerische Förderung von straffällig gewordenen Jugendlichen" (2009), Aktuelle berufliche Tätigkeit: Mitarbeiterin im Projekt „Übergangsmanagement als Aufgabe des Sozialdienstes" in der Justizvollzugsanstalt Rockenberg.

Joana Lauth, Studium: Lehramt an Förderschulen (2004-2009), Titel der Examensarbeit: „Schulversagen und Verhaltensstörungen" (2008), Aktuelle berufliche Tätigkeit: Lehrkraft im Vorbereitungsdienst an der Martin-Luther-Schule in Buseck.

Svende Annamarie Schäfer, Studium: Lehramt an Förderschulen (2003-2008), Titel der Examensarbeit: „Konfrontative Pädagogik" (2008), Aktuelle berufliche Tätigkeit: Sonderpädagogin mit dem Auftrag der Inklusion an einer Stadtteilschule in einem Hamburger Brennpunkt.

Jennifer Seil, Dipl.-Päd., Studium: Diplom-Pädagogik (2005-2009), Titel der Diplomarbeit: „Prävention von Jugendkriminalität in Luxemburg" (2009), Aktuelle berufliche Tätigkeit: Präventionsberaterin in der Aidsberatung Croix-Rouge in Luxemburg.

Marianne Tefke, Dipl.-Päd., Studium: Diplom-Pädagogik (2005-2009), Titel der Diplomarbeit: „Strafrechtlich in Erscheinung getretene Jugendliche mit (Spät-) Aussiedlerhintergrund" (2009), Aktuelle berufliche Tätigkeit: Sozialarbeiterin in der Justizvollzugsanstalt Wiesbaden.

VS Forschung | VS Research
Neu im Programm Soziale Arbeit